앨빈 토플러 選集④

적응기업
THE ADAPTIVE CORPORATION

李揆行 監譯

하이디에게

한국어판 저자 서문

한국은 지금 평화시의 역사에 있어서 가장 큰 격동기의 한 시기를 살아가고 있다. 가속화되고 있는 변화가 한국인들의 마음과 가슴에 고통을 주고 있다는 것이다. 따라서 한국은 두 가지 전환점에 직면해 있다.

그 하나는 정치적인 것이고 다른 하나는 경제적인 것이다. 한 분야에서 내려지는 결정은 다른 분야의 귀추에 중대한 영향을 미치게 된다.

한국은 지난 세대 동안에 눈부신 경제발전을 이룩했다. 한국은 많은 사람들을 어리둥절하게 만들고 깜짝 놀라게 할 정도의 속력으로 농업사회에서 산업사회 또는 「굴뚝」사회 (「smokestack」 society)로 탈바꿈했다. 한국사회가 이처럼 빠르게 변천할 수 있었던 것은 한국인들이 열심히 일을 했기 때문이기도 하지만 여러가지 다른 요인들 때문이기도 하다. 숙련된 기술자와 관료, 많은 뛰어난 기업가, 장기적인 발전을 위한 현재의 소비욕구 억제 등 이 모든 요인들이 급속한 변천에 기여했다. 뿐만 아니라 외부요인들도 그러했다. 월남전쟁중에 미국이 동남아시아에 쏟아 넣은 수십억 달러의 파급효과가 그 예이다.

그러나 그와 똑같이 중요한 것은 한국이 본받을 수 있는 뚜렷한 발전모델이 존재했었다는 것이다. 다른 나라들이 한국에 앞서 산업화를 경험했기 때문이다. 따라서 한국의 정책입안자들이 유럽·미국·일본으로부터 교훈을 얻었건 어쨌건간에 그에 앞서 산업화를 위한 방향이 이미 제시되어 있었고 취해야 할 조치들을 알고 있었다. 수출주도형 전략, 세계시장에서의 저임금노동에 의한 상품판매, 대량생산 기술의 도입 등 이러한 모든 정책들이 도시화와 결부되어 다른 나라에서 먼저 실험되었다.

그러나 오늘날 한국(그리고 많은 다른 국가)이 직면한 핵심적인 문제는 경제발전을 위해 잘 만들어진 청사진이 시대에 뒤떨어진 것이라는 점이다. 이제 더 이상 본받을 만한 발전모델이 없어진 것이다. 따라서 어떤 정치적 신념을 가진 한국인이라 하더라도 단순히 모방을 하기보다는 독특한 미래의 발전전략을 창안해 내야 할 것이다.

현재와 미래의 세계에서 선진경제가 되려면 이전에는 필요로 하지 않던 어떤 상황을 요구하게 된다. 그 중에서도 가장 중요한 것은 점차적으로 「산업화 이후」 또는 「제3물결」 경제발전의 핵심이 되고 있는 정보에 대한 태도의 변화이다.

미래의 경제적 성공은 세계의 다른 나라들에 값싼 육체노동력을 판매하는 것이 아니라 두뇌와 혁신의 판매를 늘려나가는 것일 것이다. 굴뚝사회가 수백만의 노동자들에게 반복적이고 단순하고 비창조적인 노동을 하도록 요구한 반면에 새로운 경제사회는 어떤 계층이거나 모든 노동자가 그들의 육체는 물론 정신을 사용하고 무엇보다도 그들의 혁신적인 능력을 사용하기를 요구한다.

유순한 노동자들은 값이 싼 노동집약적인 수출품을 제공할 수는 있지만 그들이 세계시장에서 수요가 증가되고 있는 고부가가치 제품과 서비스를 제공할 수는 없다. 그와는 대조적으로 새로운 경제사회는 낡아빠진 가정과 관행에 의문을 제기하는 수많은 노동자들을 필요로 하고 있다.

소련의 비극적인 실례가 보여 주듯이 새로운 아이디어가 관리들이나 검열관들에 의해 억압당하고 사람들이 잘못을 저지르거나 이단적인 견해를 표명하기를 두려워하고 교육제도가 권위주의적이고 소련의 공산당 정치국(Politburo)이나 국가보안위원회(KGB) 또는 그와 유사한 기능을 가진 기관들이 언론을 통제하거나 언론자유를 제한한다면 혁신은 어느 경제사회에서도 번성할 수 없다. 소련 공산당 서기장 고르바초프(Mikhail S. Gorbachov)는 바로 이러한 사실을 알았기 때문에 소련이 기술적·경제적 발전면에서 서방세계와 일본을 따라 잡을 수 있다는 희망을 버리지 않고 「개방(glasnost)」사상을 도입했다.

정보개방정책은 이제 더 이상 순수한 정치적 관심의 대상만은 아니다. 정보개방정책은 새로운 세계경제사회에 있어서 경제발전의 전제조건이다.

이러한 사실은 우익이나 좌익, 자본주의자나 공산주의자, 서방측이나 동구권, 선진국이나 개도국을 가리지 않고 모든 정치집단에 어려운 과제를 제시해 주고 있다.

　이 새로운 피할 수 없는 현실을 이해하지 못하게 되면 21세기를 향해 달려가고 있는 세계에서 영원히 저개발국가로 남게 된다.

　필자는 새로운 문명이 낡은 문명의 장벽을 무너뜨리는 것과 같은 전인류가 직면하고 있는 보다 큰 도전과 연관시켜 한국사회가 직면하고 있는 특수한 문제를 이해하는 데 있어서 이 책이 독자들에게 도움을 주게 되기를 바라마지 않는다.

1987년 6월
앨빈 토플러

감역자의 말

이 책은 앨빈 토플러(Alvin Toffler)가 1972년 미국전신전화사 (AT&T/American Telephone & Telegraph Co.)에 제출한 비밀보고서 「사회적 역학과 벨 시스팀(Social Dynamics and the Bell System)」을 바탕으로 1985년에 발간한 「적응기업(The Adaptive Corporation)」의 한국어판이다.

토플러는 이 책에서 비로소 미래의 기업에 관해 관심을 표명하고 앞으로 나타날 초거대기업의 사명과 진로를 재정립하기 위한 기본 골격으로서 고도산업사회의 모델과 새로운 조직구조를 제시하고 있다.

「미래 쇼크(Future Shock)」와 「제3물결(The Third Wave)」 등에서 이미 지적한 대로 토플러는 현대 사회에서 조직이 당면하고 있는 문제의 근저에는 「변화」라는 공통점이 있는 것으로 파악하여 이 변화가 여러 분야에서 동시에 진행될 뿐 아니라 진행속도 또한 가속화되어 미래에 대한 예측을 더욱 어렵게 하고 있다고 전제한다.

기업은 특히 조직구성원의 목표와 조직 자체의 목표가 불일치하고 있는 데다가 환경변화에의 신축적인 적응문제가 복합되어 경영의 이려움이 가중되고 있으며 이러한 변화에의 대응을 위해서는 새로운 경영전략과 고도산업사회에 적합한 조직형태를 갖추어야 한다고 토플러는 권고하고 있다.

이 책의 도입부에서 AT&T사를 20세기 초 미국 최대의 기업으로 부각시킨 베일(Theodore Vail)의 경영관을 소개한 토플러는 이에 관련된 과거의 기업들의 환경변화에 대한 적응문제를 여러 부문에 걸쳐 종합분석하고 있다.

이러한 분석을 바탕으로 토플러는 오늘날 기업이 당면하고 있는 문제를 (1) 조직의 경직 (2) 상의하달식 통제 (3) 규모의 비경제 등 세 가지로 규정하고 미래산업사회에 적합한 조직형태로 애드호크러시(ad-hocracy)와 콘스털레이션(constellation) 조직구조를 제시한다.

　토플러는 성장에 급급한 기업 가운데 이미 일부는 이른바 기업공룡으로 변태되어 적응력을 상실함으로써 위험수위를 넘어서고 있다고 경고한다. 이러한 기업들이 살아남기 위해서는 「적응력이 뛰어난 경영자」가 필요하며 조직의 기동력을 극대화하는 방안이 연구되어야 한다는 것이다.

　우리나라 기업환경도 서서히 토플러의 경고수위를 향해 이동하고 있다. 적응력을 상실한 기업공룡이 나타나지 않도록 토플러의 충고에 귀를 기울일 때가 되었다고 본다.

　현재 토플러는 또 다시 우리 앞에 전개될 미래에 대해 새로운 분석을 시도하면서 신작(가제/Power Shift : The Overthrow of the Elite)을 집필중에 있다.

　한국경제신문사가 4년여 전인 지난 85년 가을 토플러를 서울에 초청하여 강연회를 가졌을 때 서울시내 서점가를 둘러본 그는 자신의 여러 저서들이 무더기로 무단번역되어 있는 한국 출판풍토에 놀라움(?)을 금치 못했을 뿐 아니라 원저작물의 집필의도를 벗어난 오역 가능성에 대해서도 큰 우려를 표명했다. 그때 그의 이러한 우려에 크게 공감되는 바 있어 한국경제신문사는 그의 기간저서 8권과 앞으로 나올 신작 등 전저작물에 대한 국내 번역출판권 계약을 직접 체결했다.

　이에 따라 「미래 쇼크」를 비롯하여 「제3물결」, 「예견과 전제(Previews and Premises)」, 「적응기업」 등 그의 대표저작을 원문과 일일이 대조해 가면서 완역하는 한편 새로운 편집체제로 다듬어 「앨빈 토플러선집」으로 내놓게 되었다.

　국내에서의 독점출판권 획득을 계기로 토플러의 저작에 대한 번역을 다시 시작하면서 황건(黃建)씨의 많은 도움을 받은데 대해 감사하며 토플러와의 약속에 따라 포괄적인 감수를 했음을 밝혀둔다.

1989년 11월
李 揆 行

차 례

제Ⅵ부 초산업주의적 기업의 형성

프롤로그 : 기업공룡 박물관

이것은 살아남고자 하는 사람들 — 철저한 변화에 착수할 태세가 되어 있는 경영자들을 위한 소책자이다. 이 책은 회사목표의 재검토와 조직개편의 필요성에 직면해 있는 모든 회사들에 관한 것이다.

일부 회사들은 이미 구제될 가망이 없다. 이들은 조직면에서 이미 공룡화한 회사들이기 때문이다. 이들은 비적응기업(non-adaptive corporation)들로서 그 중 상당수는 앞으로 얼마 남지 않은 20세기 말에 사라지게 될 것이다. 가문의 이름과 유명제품으로 알려진 회사들, 자산규모 10억 달러대의 회사들, 종업원 수가 수만 또는 심지어 수십만에 달하는 회사들, 월 스트리트에서 자타가 공인하는 명망을 누리고 자기 분야의 시장에서 겉보기에 난공불락의 지위를 차지하고 있는 회사들 모두가 현재 위기에 처해 있다.

이런 회사들의 대부분은 1955~70년의 평형적 환경 속에서 거의 중단없는 직선적 성장을 누렸었다. 이같은 기간에는 적응방식이 상대적으로 간단하다. 경영자들은 비록 「비슷비슷한 일」을 하기는 하지만 그래도 겉보기에 명석한 것처럼 — 실제로 명석한 경우가 많지만 — 보인다.

그 후로 이같은 직선적 전략은 기업퍼멸의 청사진이 되고 말았다. 그 이유는 간단하다. 일상적이고 예측 가능했던 기업환경이 갈수록 더욱 불안정하고 가속적이고 혁명적인 양상을 띠게 되었기 때문이다. 이러한 상황에서는 모든 조직체가 외부의 힘이나 압력에 대해 극단적인 취약성을 드러내게 된다. 또한 경영자들은 비직선적 요인들 — 소량의 투입이 방대한 결과를 초래하는 상황과 또는 그 반대의 상황 — 에 대응하는 방법을 배워야 한다.

그러므로 적응기업(adaptive corporation)은 새로운 종류의 지도자를 필요로 하게 된다. 이러한 기업은 아주 새롭고 비직선적 기량을 제대로 갖춘 「적응력있는 경영자」들을 요구한다.

오늘날의 적응력있는 중역들은 항구적 조직구조를 구축하지 않고 그대신 기동성의 극대화를 위해 회사를 탈구조화(de-construct)해야 할지도 모른다. 그들은 관료제도의 전문가가 아니라 애드호크러시([역주] ad-hocracy, 영속적 기구로 상정되는 전통적 관료직의 기능적 부서들과는 달리 초산업사회에 적합한 조직형태로 여러 팀들이 모여 특수한 단기적 문제들을 해결하는 임시적 기구)를 조정하는 전문가여야 한다. 그들은 당장의 압력에 신속하게 순응하면서도 장기적 목표라는 관점에서 사고할 줄 알아야 한다. 또 과거에는 다른 회사의 전략이나 조직모델을 흉내내어 성공한 경영자들이 많았지만 오늘날의 지도자들은 모방이 아닌 발명을 해야만 한다. 모방할 만한 전략이나 모델이 존재하지 않기 때문이다.

무엇보다도 오늘날의 적응력있는 경영자들은 급진적 행동을 취할 수 있는 능력을 갖춰야 한다. 즉 근본적 변화가 불가피해지기 전에 제품·절차·프로그램과 목적의 개념을 재정립하는 등 여러 면에서 기상천외의 발상을 할 태세를 갖추고 있어야 한다.

대부분의 경영자들은 격변이 임박했다는 경고가 주어져도 여전히 평소와 같은 업무를 추구한다. 그러나 실제로 격변이 항구화한 환경에서는 평소와 같은 업무는 위험하기 짝이 없다.

국제경제는 최근 아랍의 석유수출 금지, 세계를 제패한 일본이라는 경쟁국의 등장, 한국·대만·싱가포르·브라질 등 신생공업국들의 대두로 인해 근본적으로(잠정적이기는 하지만) 개편되었다. 대은행들의 붕괴와 버섯구름처럼 걷잡을 수 없게 불어난 유러달러는 세계 금융체계의 안정을 파괴했고 범세계적 외채위기는 이것을 지탱하고 있는 그나마의 기반을 무너뜨릴 듯이 위협하고 있다. 세계경제의 상황은 평형과는 너무나 거리가 멀다.

한편 획기적인 기술발전, 탈규제화(deregulation), 스태그플레이션은 변덕스러운 금리와 그밖의 여러가지 변칙적인 요인들과 함께 경영상태가 가장 우수한 업체들의 전략적 가정들마저도 허물어 뜨리고 있다. 물론 지금까지 회사들이 모든 장애를 극복해 왔다는 점을 들어 이제 와서 무슨 별다른 일이 일어나겠는가 하는 질문을 던지고 싶은 사람도 있을 것이다.

이 질문에 대한 대답은 엄청난 일들이 일어나리라는 것이다.

20년 전 필자가 극소수의 다른 사람들과 함께 산업문명의 종말이 임박했다고 경고했을 때 그 말은 멜러드라마처럼 들렸었다. 오늘날 우리 주변의 공장들이 와르르 파산하게 되면서 점차 많은 사회학자와 역사가들 ― 그리고 경영자들 ― 이 필자와 동일한 결론에 도달하고 있다.

장님이 아니고서야 오늘날 우리의 전반적인 생활방식에 무엇인가 엄청난 변화가 일어나고 있음을 인식하지 못할 사람은 없을 것이다. 급속하게 확산되는 마이크로프로세서, 생물공학(biotechnology), 통화(通貨)의 전자화, 컴퓨터와 통신기술의 결합, 놀랄 만한 신소재의 발명, 외계 진출, 인공지능 등 이 모든 기술적 진전에는 이와 똑같이 중요한 사회적·인구통계적·정치적 변화들이 수반되고 있다. 이러한 현상은 가정생활의 변혁에서부터 부유한 국가 국민들의 「노령화」에 이르기까지(제3세계에서는 아직도 중세기가 계속되고 있지만), 또 국경을 초월한 정보흐름에 따른 분쟁에서부터 치명적인 무기의 범세계적 확산에 이르기까지 광범한 분야에 미치고 있다.

이러한 사태들은 전혀 무작위적이고 개별적인 것일까? 아니면 그 속에 중요한 패턴이 있는 것일까? 필자는 그 중 상당수가 상호 밀접하게 연관되어 있다고 확신한다. 또 이들이 서로 상승작용을 하고 있다고 믿는다. 또한 전체적으로 보아 이것들은 우리의 생활방식에 변전을 일으킬 것이라고 믿는다. 우리가 직면하고 있는 변화는 최소한 산업혁명 당시의 변화만큼 방대한 것이라 하겠다.

이러한 변화들은 산업혁명이 봉건사회의 모든 제도를 위협하고 송국에는 변혁시켰던 것과 마찬가지로 우리의 모든 기본제도들을 위협하고 있다. 현재 기업의 생존법칙이 급속하게 변화하고 있는 것은 조금도 이상할 것이 없다.

사회와 경제에 거센 변화의 파도가 몰아칠 때는 잔잔한 바다에서 항해하는 데만 익숙해진 전통적 경영자들은 도태되는 것이 보통이다. 평생 동안의 관습 ― 그들의 성공을 뒷받침했던 바로 그 관습 ― 이 이제는 반(反)생산적인 것으로 되고 만다.

조직의 경우도 마찬가지이다. 과거에 이들이 성공을 거두는 데 도움을 주었던 제품·절차·조직형태가 이제는 파멸의 원인이 되는 경우가 많다. 여기서 기업생존의 제1법칙이 뚜렷해진다. 즉 과거의 성공이 가장 위험한 요인이라는 점이다.

기업의 조직도표(공식·비공식 조직)가 불황과 전쟁·경제 성장에 구애받지 않고 장기간 존속되던 때가 있었다. 기업이 창업자의 단독 경영에서 다층적인 위계조직으로 성공적으로 이행되자 회사조직은 항구적인 사업부서 구조를 갖게 되었다. 즉 제조·마키팅·판매·조사·연구부문 등이 생겨나게 되었다. 라인과 스태프가 뚜렷하게 구분되었다. 최고경영층에 보고하는 하부조직들은 법률·재정·인사 등 고정적인 기업업무를 제공했다. 수많은 부사장들이 이러한 모든 업무를 결합시켜 주었다.

일단 이처럼 고정적인 테두리가 갖추어지자 회사는 경영성쇠에 따라 조직규모를 증감시킬 수는 있어도 조직의 기본적인 요소는 확고하게 유지하는 것이 보통이었다. 조직개편 — 새로운 최고경영자가 취임할 때 실시되는 것이 보통이지만 — 은 좀처럼 드물었고 시간적 간격도 멀었다.

필자가 변화에의 적응문제를 다룬 「미래 쇼크(Future Shock)」를 집필한 1970년에는 기업조직의 개편빈도가 한층 증대해 있었다. 그 책에서 필자는 어느 경영 컨설턴트의 견해를 인용했었는데 그것은 『현재 거대 산업체들에서 2년마다 1회 정도로 대규모 조직개편이 일어나고 있다고 말한다면 이것은 현재의 조직개편 속도를 줄잡아 평가하는 것이 될 것』이라는 내용이었다.

오늘날에는 그 속도가 더욱 빨라지고 그 규모도 더욱 커졌다. 연속적인 조직개편이 한층 빈번해지고 있을 뿐 아니라 개편의 폭도 더욱 커지고 있다. 사실 우리는 지금 근대 역사상 가장 급속하고 복잡하고 철저한 기업조직 개편현상을 목격하고 있다.

언론매체는 이러한 조직개편 과정에 관한 보도로 가득 차 있다. 「인더스트리 위크(Industry Week)」지는 이렇게 썼다. 『날로 범세계화하는 경제의 불경기와 냉혹한 현실 때문에 많은 기업들은 경영전략을 짜놓은 흑판을 다시 지우고 있다. 그들은 수치상의 예측을 수정하거나 제품 또는 조직을 변경하는 것 이상의 훨씬 근본적인 조치를 취해야 한다는 점을 인식하고 있다.』

「뉴스위크(Newsweek)」지는 제너럴 모터스사(GM/General Motors Corp.)의 개편을 표제기사로 다루면서 이번 개편은 『조직의 귀재 슬론(Alfred P. Sloan)이 1920년대에 개편한 이래 GM사의 경영방식에서 가장 혁명적인 변화였다』고 지적했다.

「이코노미스트(Economist)」지는 다음과 같이 듣기에 거북한 기사를 실었다. 『대석유회사들이 현재 한사코 피하고자 하는 것은 다름아닌 기업공룡이 되는 운명이다. … 그들은 오늘날의 시장에서 계속 대기업으로 남으려면 작게 생각해야 한다는 점을 점차 터득하고 있다. 이들은 이제 단일 구조의 회사들을 개별적인 이윤 센터(profit centre)들로 쪼개고 있다.』

「비즈니스 위크(Business Week)」지도 이 문제에 관해 『석유산업 전체는 자산을 근본적으로 재편성해야 하는 점증하는 압력에 직면하게 되었다. … 한때 신성불가침한 것으로 보였던 대규모 통합회사들도 이제는 예외가 될 수 없다』고 쓰고 있다.

대석유회사들은 그들의 낯익은 사업분야들을 축소시키고 있다. 엑슨사(Exxon Corp.)는 정보산업에 뛰어들기 위해 막대한 자금을 투자했으나 성공을 거두지 못했다. 아르코(Atlantic Richfield Co.)는 유전공학 연구와 종자생산 부문에 투자하고 있다. 유나이티드 스테이츠 스틸사(United States Steel Corp.)는 석유산업에 뛰어들고 있으며 철강산업은 전반적으로 생산시설 축소와 「소형 제철소」 건설을 위해 전력하고 있다.

타이어업계의 선두주자인 굿이어사(Goodyear Tire & Rubber Co.)는 가스 파이프라인을 매입하고 있다. 또 거대한 석유화학업체들은 원자재 사업에서 손을 떼고 전문생산업체로 전환하려고 애쓰고 있다. 화학업체인 허큘리즈사(Hercules Inc.)는 현재 항공기용 전자제어기를 생산하고 있고 에설사(Ethyl Corp.)는 보험업에 손을 대고 있다.

중앙집권화(centralization)한 기업들은 앞을 다투어 탈중앙집권화(decentralization)를 꾀하고 있고 극도로 분산된 비애트리스식품회사(Beatrice Foods Co.)는 주식 취득을 통한 확장이라는 오랜 경영방침을 버렸다. 이 회사의 더트(James Dutt) 사장은 산하에 400개의 회사를 거느리고서는 기업을 관리하기가 『불가능』하다고 솔직하게 털어놓았다.

금융산업처럼 조직개편 속도가 빠른 곳도 없을 것이다. 현재 은행들은 자체 기능에 대한 개념 정리에 박차를 가하고 있다. 각 금융부문간의 경계선과 함께 법적 규제와 같은 낡은 장애들이 붕괴하면서 증권회사들이 하루 아침에 은행업무에 뛰어들고 크레딧 카드회사들이 증권회사가 되고 소매기업들은 보험회사로 바뀌는 등 새로운 환경 속에서 살아남기 위해 마치 애벌레가 허물을 벗고 호랑이로 변신하려 애쓰는 것 같은 광적인 생존경쟁이 벌어지고 있다.

그리고 바로 이러한 상황에서 마침내 『미국의 주요 산업 역사상 가장 철저한 과거와의 단절』 또는 심지어 『기업사상 최대의 사건』이라고 불리우는—세계 최대의 기업이며 아마도 가장 우수한 산업조직의 표본이었던 기업체인 미국전신전화사 (AT&T/American Telephone and Telegraph Co.)의 해체가 일어나게 되었다.

미국과 세계를 막론하고 산업주의 역사를 통틀어 AT&T사만큼 복잡하고 고통스러운 조직개편 과정을 겪은 기업은 없었다. 그러므로 이 대기업이 자체의 전제와 임무에 대한 재검토에 착수—이 해체가 있기 약 15년 전에—한 과정을 살펴봄으로써 적응적 행동이 무엇인가에 관해 많은 것을 배울 수 있을 것이다.

다행히 필자는 그 초기부터 AT&T사에 관계하고 있었기 때문에 이 책에 담긴 색다른 이야기를 집필할 수 있었다.

그러나 이 이야기를 전개하기에 앞서 이 책이 어떠한 책이며 또 어떠한 책이 아닌지를 설명할 필요가 있다.

이 책은 벨사(Bell Co. 또는 AT&T사)의 해체나 그 영향을 분석한 것이 「아니다.」 이 점에 관해서는 이미 수없이 해명했기 때문에 여기서 새삼 덧붙일 만한 내용은 없을 것이다. 이에 관한 확실한 이야기는 몇년이 지나 분명치 않은 결과들이 모습을 드러낸 후라야만 가능할 것이다.

따라서 독자가 만일 벨사의 분할에 관한 설명을 기대했다면 여기서 책을 덮기 바란다.

이 책의 핵심내용은 그 당시 세계 최대의 민간기업체였던 회사의 최고 결정자들을 위해 필자가 작성했던 「비밀」보고서이다. 이 보고서는 AT&T사의 운명을 둘러싼 논쟁과 정치적·법적 투쟁이 진행되던 그 여러 해 동안 AT&T사가 그 소유권을 지니고 있었다. 이제 그 소란의 먼지가 가라앉기 시작하자 AT&T사는 친절하게도 필자에게 그 내용을 공표할 수 있도록 허용해 주었다.

이 회사와 최근의 조직개편 과정을 잘 알고 있는 독자라 할지라도 지금까지 한 번도 공개적으로 보도되거나 분석되지 않은 많은 이야기를 이 책에서 발견하게 되리라고 믿는다. 이 책의 내용은 대부분 비공개를 전제로 한 내부적 인터뷰를 바탕으로 했기 때문에 AT&T사의 최고경영층이 망망대해와 같은 경영상의 난관을 헤쳐나가는 과정에서 어떤 생각을 가지고 있었는가를 밝혀주고 있다.

그러나 이 보고서는 단순한 진단의 범위를 넘어서서 AT&T사의 조직을 근본적으로 또 자발적으로 개편하도록 촉구했다. AT&T사의 대부분의 최고경영자들이 여전히 「있을 법한(thinkable)」 선택대안을 모색하고 있던 시기에 이 보고서가 제시한 전략상의 제안은 「있을 법하지 않은 것을 생각하는(thinking the unthinkable)」 놀라운 본보기였다.

물론 그 이후에 생각할 수 없던 일이 현실로 나타났다. 그러나 새로운 AT&T사가 자체의 모습을 설정해 나가는 과정에 있기 때문에 아직 해야 할 일이 많이 남아 있으며 또 이 책에 담긴 일부 제안은 아직도 큰 논란을 불러일으킬 소지를 안고 있다(예컨대 AT&T사가 기본적으로 기업적 임무를 전환해야 한다는 제안). 이같은 이유로 독자들은 이 책을 해체 이전과 이후의 AT&T사에 「관한」 책으로 읽을 수 있을 것이다.

그러나 이 책을 전혀 다른 방식으로 읽을 수도 있다. 이 책은 하나의 사례연구서라고도 볼 수 있기 때문이다. 이런 의미에서 이 책은 AT&T사에만 국한된 것은 아니다. 사실 이 책은 근본적인 조직개편을 어떻게 생각해야 하는가의 문제를 다룬 것이다. 이 책이 AT&T사에 초점을 맞추고 있고 또 AT&T사가 여러 면에서 독특한 기업이기는 하지만 필자는 이 책이 급속한 변화의 시기에 처한 모든 대기업들에게 극히 중요한 의미를 지닌 문제들을 제기하고 있다고 믿는다.

이 책은 기업전략의 바탕이 되는 기본적 가정들을 다루고 있다. 또 기업과 사회적·정치적 요인들을 포함한 주변 환경과의 관계를 다루고 있다. 이 책은 제품라인이나 행정절차·

시장·기술·경쟁 등의 다양화가 미치는 영향도 다루고 있다. 이 책은 이어 기술혁신을 면밀히 검토하고 그 기술혁신의 상승곡선이 제품과 인간·의사결정에 어떠한 영향을 미치는가를 면밀하게 검토한다. 그 다음에는 산업주의시대가 지나가면서 우리 주변에 나타나고 있는 새로운 경제와 사회형태를 개관하고 전략의 토대가 될 새로운 가정들을 제시하고 있다.

이 책은 조직에 관한 세 가지 핵심적 문제들을 직접 제기하고 있다. 즉 당면한 문제에 대한 조직의 「적합성」, 위계체계의 성격 변화, 그리고 규모의 문제가 그것이다. 이 문제와 관련하여 수직적 통합(vertical integration)의 역할과 그 대안들에 관해 언급했다. 끝으로 기획과 훈련에 상당 부분의 관심을 할애했다.

이같은 모든 문제들은 AT&T사를 사례로 들면서 언급했다. 그리고 일단 분석이 끝나면 새로운 원칙들이 이 거대한 전화기 메이커가 정부명령에 의해 변화를 강요당하기 이전에 어떤 형태로 적용될 수 있었는가를 설명했다. 필자의 생각으로는 이 결과가 여러 기업의 경영자들에게 직접적인 참고가 될 것이라고 믿는다.

이 책이 언제, 어떻게 집필되었는지도 알아둘 필요가 있을 것이다. 이 책의 일부분은 새로운 내용, 즉 벨 시스팀(Bell System)의 해체 이후에 쓰여진 내용이다. 그런 내용으로는 서론과 또 각 장마다 실려 있는 해설들이 포함된다.

그러나 이 책의 핵심내용은 여러 해 전의 특이한 상황하에서 집필되었다.

이 책을 집필하게 된 계기는 필자가 1968년 AT&T사의 본사인 「195」(당시 뉴욕시 맨해턴의 브로드웨이 195번지에 위치하고 있었다)로부터 전혀 예기치 않은 전화를 받으면서 비롯되었다. 필자는 그때 「미래 쇼크」를 아직 탈고하지 못한 상태여서 이름이 별로 알려져 있지 않았었다. 그러나 당시 필자는 「포천(Fortune)」지 편집위원으로 있었으며 또 「허라이즌(Horizon)」지에 「미래의 생활양식(The Future as a Way of Life)」이란 제목의 논문을 게재했었는데 이 글에서 필자는 장기적 미래에 보다 많은 관심을 기울이도록 촉구했었다.

그 첫번째 전화에서 필자가 기억하는 최근의 가장 멋진 컨설턴트 자리가 제의되었다. 스트랠리(Walter W. Straley) 부사장은 필자에게 그 당시까지만 해도 벨 시스팀이라는 이름으로 알려졌던 AT&T사를 몇년 동안 전반적으로 연구해 달라고 부탁했던 것이다. 필자에게는 책임을 추궁하지 않는다는 조건하에 회장 이하 이 회사의 모든 중역을 자유롭게 만날 수 있도록 해주겠다고 했다. 필자는 자신이 엔지니어도, 통신문제 전문가도 아니라고 항변하면서 도대체 필자에게 바라는 것이 무엇이냐고 물어 보았다. 그의 대답은 정곡을 찌른 것이었다. 즉 기업의 임무(corporate mission)를 검토해 달라는 것이었다.

스트랠리는 필자에게 벨 시스팀(이 책에서는 이 이름을 AT&T사라는 이름과 혼용한다)이 지난 반세기 이상에 걸쳐 뚜렷한 임무를 가지고 있었다고 설명했다. 이 회사의 목표는 미국의 모든 가정에 검은색 표준 전화기를 설치하고 한 걸음 더 나아가 미국을 위해 온갖 종류의 통신서비스를 제공하는 것이었다. 이 임무는 이른바 「보편적 서비스(Universal Service)」라는 용어로 집약되었다.

그러나 1950년대에 와서 대부분의 미국인들이 전화기를 갖게 되자 벨 시스팀은 시장의 수직적 침투에서 수평적 침투로 전환하게 되었다. 이 회사는 핑크색·녹색·백색 전화기 등 여러가지 혁신적 제품들을 생산하기 시작했다. 회사는 제품라인을 확대했다. 그러나 아직껏 기업의 임무는 재정립하지 못하고 있다는 것이었다.

놀랄 만한 선견지명을 가진 스트랠리는 벨 시스팀이 이제 전연 새로운 국면으로 접어들고 있다고 말했다. 전체 통신체제가 새로운 기술, 새로운 사회적 태도, 새로운 정부정책에 의해 혁명적 변화를 겪게 되었다는 얘기였다. 다음 단계에서 AT&T사의 임무는 무엇이겠는가? 그리고 근본적으로 새로운 이 임무를 수행하기 위해 AT&T사의 조직은 어떻게 개편되어야 할 것인가?

필자는 그의 이 광범위한 제안에 당황할 수밖에 없었다. 세계 최대의 회사가 미래를 헤쳐 나갈 길을 제시해 달라고 요청하고 있었기 때문이었다. 처음에는 관심이 많았지만 불확실한 점이 많았다. 나의 임무에는 과연 어떠한 일이 수반될 것인가? 나에게서 기대하는 산출은 과연 무엇일까?

논의가 이쯤 진행되었을 때 필자가 받은 대답은 깜짝 놀랄 정도로 관대한 것이었다. 그 사나이와 그의 회사가 보여준 대담한 모험심에 필자는 어안이 벙벙할 뿐이었다. 그의 대답은 이러했다. 『영화를 만들든지 잡지에 글을 쓰든지 이사회에 보고서를 제출하든지, 아니면 책을 한 권 쓰든지 모두 당신이 결정하시오!』

이것으로 흥정은 끝났다.

전통에 빛나는 거대한 이 회사는 자신의 장기적 문제들을 내다보고 자신의 임무에 구현된 가장 기본적인 가정들에 의문을 제기하면서 기꺼이 외부인에게 그 일을 위임하고 보고서 제출 형식까지도 임의로 결정하도록 일임하고 있었다. 이 도전을 도저히 물리칠 수 없었다.

이렇게 해서 통신의 미래, 기술혁신의 역할, 벨 시스팀의 비잔틴식 운영실태, 이 회사에 영향을 미치게 될 사회·정치적 환경의 변화 등에 관한 4년 동안의 단속적인 연구가 시작되었다. 필자는 여러 공장과 연구소들을 방문했다. 필자는 회장과 그밖의 주요 간부들을 인터뷰했으며 엔지니어·로비스트·회계사·기획담당자들과 만났다. 또 미국 공무원에서부터 일본 기업인들에 이르는 수많은 외부 인사들과도 만났다.

필자는 또 즉시 회사내 젊은 개혁파—가속적 변화에 대한 벨사의 부적절한 반응에 실망하고 있는 각급 남녀 직원—의 「지하조직」과도 접촉을 가졌다. 그들은 AT&T사의 현행 구조가 컴퓨터와 인공위성의 세계에서는 시대착오적인 것으로 되어가고 있다고 느끼고 있었다. 그들은 경쟁이 날로 치열해져서 AT&T사의 지배적 위치는 물론이고 미국 통신시스팀의 효율성조차도 위협하고 있다는 인식을 가지고 있었다.

필자는 가는 곳마다 그들에게서 강력하고 때로는 따뜻한 지지를 받았다. 그들은 한 회사를 돕는 것은 물론이고 나아가서는 국가를 돕는다는 생각으로 필자에게 자신들의 생각과 관심, 그리고 희망사항을 털어 놓았다.

1972년(그 동안에 「미래 쇼크」가 출판되었다)에 필자는 마침내 필자의 논거와 권고사항을 정리하기 시작했다. 연구원 샤피로(Marilyn Shapiro)의 도움을 받아 여러 해 동안 수집한 자료를 일일이 검토했다. 그 다음에 내부인사들에게서 들은 벨사의 미래에 관한 여러가지 최선의 아이디어를 필자 자신의 강력한 견해와 통합하여 보고서를 작성하기 시작했다.

이내 한 가지 사실이 분명해졌다. 필자가 집필하고 있는 보고서—일종의 책—가 뜨거운 논쟁거리가 될 것이라는 사실이었다. 그것은 극히 중요하고도 전략적인 보고서였다. 또한 이 보고서는 분명히 이 회사의 많은 고위층들이 듣고 싶어하는 그런 내용을 담고 있지는 않았다.

예컨대 이 보고서는 뉴욕 텔리폰(New York Telephone)사나 노스웨스턴 벨(Northwestern Bell)사 등 여러 벨 운영회사들을 AT&T사가 전면적으로 소유해야 한다는 회사내의 거의 신학적인 확신을 다루고 있었다. 필자의 보고서 내용처럼 AT&T사에 대해 『AT&T사와 계열회사들간의 기존 관계를…재검토』하고 한 걸음 더 나아가 『소유 주식의 일부를 일반국민에게 공개』하여 이 계열회사들에 대한 지배를 축소해야 한다고 제안하는 것은 그 당시까지만 해도 이단적인 견해였다.

벨사의 거대한 제조부문 자회사인 웨스턴 일렉트릭사(Western Electric Co.)에 관한 보고서의 주장은 더욱 불경스러운 것이었다. 미국 정부는 여러 해 전부터 AT&T사에 대해 제조부문에서 손을 떼라고 요구하고 있었다. 그러나 AT&T사는 오히려 이러한 조치는 미국에 파멸적인 결과를 가져올 것이므로 웨스턴 일렉트릭사는 앞으로도 계속 AT&T사의 수직통합 회사로 남아있어야 한다고 주장했다. 필자의 보고서는 이 두 가지 입장 모두에 반대하면서 AT&T사가 웨스턴 일렉트릭사의 일부를 분리시킬 것을 제안했다. 필자는 AT&T사가 웨스턴 일렉트릭사의 일상적 제조부문 사업을 매가하고 오지 벨 연구소(Bell Laboratories)와 관련된 고도기술부문만을 계속 유지해야 한다고 주장했다.

필자의 보고서는 이 정도의 말썽만으로는 만족하지 못하겠다는 듯이 이번에는 벨사의 전통적 임무를 거꾸로 세워 놓았다. 필자는 벨사가 모든 사람에게 모든 통신서비스를 제공하려고 노력할 것이 아니라 오히려 회사 규모를 축소하여 『다른 회사들이 이에 상응하는 수준의 코스트·품질 및 사회적 관심으로는 제공할 수 없는 제품 및 서비스만을 공급해야 한다』고 주장했다.

필자는 이것이 벨 시스팀의 「탈통합(dis-integration)」 프로그램이 아니고 단지 『보다 넓은 영역에 걸친 대폭적인 「통합의 확대(extension of integration)」일 뿐』이라고 주장하면서 이에 관한 설명을 전개했다.

이 싯점에서 필자는 이 보고서를 비공식적으로 사내의 몇몇 친구들에게 제시하고 논평을 요구했다. 그들은 신뢰할 만한 판단력과 두뇌를 가진 중역들로서 고도의 지성을 갖추고 있었다. 최초의 반응은 신통치 못했다. 필자에게 되돌아 온 논평은 『AT&T사 경영층의 관심을 끌기에는 너무 과장되고 계시적이고 센세이셔널하다』는 식이었다.

이같은 가혹한 평가에 모두가 동조한 것은 아니었다. 그렇지만 필자는 벨사의 대다수 최고경영자들이 이 보고서를 읽고 그 내용을 제대로 소화하지 못하리라는 것은 알 수 있었다.

필자는 그 논조나 내용을 바꾸지 않은 채 1972년 11월 15일에 「사회적 역학과 벨 시스팀(Social Dynamics and the Bell System)」이라는 제목의 보고서 10부를 제출했다. 필자는 이사회나 최고경영진을 직접 만나 보고서를 정식으로 설명하고 토론을 갖자는 초청이 오리라고 기대했다.

그러나 이러한 초청은 결국 오지 않았다. 오히려 필자에게는 냉담하게 느껴지는 침묵만이 흘렀다. AT&T사는 자기 갈 길을 가려는 것처럼 보였고 또 필자도 내 갈 길을 걸어 갈 생각이었다. 전화연락은 끊어졌다.

몇년이 흘러갔다.

필자는 실망과 냉소적인 위안이 뒤섞인 착잡한 심정이었다. 그 프로젝트는 개인적으로는 보람이 있었다. 필자는 노력의 댓가를 받았을 뿐 아니라 통신과 통신산업에 관해 많은 것을 배울 수 있었다. 필자는 기술혁신에서 기획·정부규제·소비자의 역할과 종업원 참여제도에 이르기까지 앞으로 기업에 중요한 영향을 미치게 될 여러가지 문제들을 직접 조사할 수 있는 기회를 부여받았었다. 그래서 필자는 미련을 떨쳐 버리고 다른 일을 하면서 이 「사회적 역학과 벨 시스팀」은 먼지를 뒤집어 쓴 채 영영 사장되리라고 생각하고 있었다.

그러나 AT&T사는 그런 회사가 아니었다. 필자가 알지 못했던 사실은 이 보고서가 회사 안에서 유령과 같은 존재가 되어 있었다는 것이었다. 최고경영층이 이 보고서에 공식적인 반응을 보일 가능성이 희박했기 때문에 경영층 내부에 보고서의 사본이 비공식적으로 회람되고 있었다. 그것은 일종의 반체제 문헌, 즉 「지하 출판물(samizdat)」이 되어 있었다.

필자와 함께 일한 적이 있는 AT&T사의 전직 부사장 겸 회장 보좌역 아우(Alvin von Auw)는 그의 최근 저서 「유산과 운명(Heritage & Destiny)」(뉴욕 : 프레거 출판사, 1983년)에서 그 당시의 이야기를 이렇게 전하고 있다. 『여기서 토플러 씨가 자신의 주장보다 더 큰 통찰력을 가진 사람이라고 칭찬할 생각은 없다. … 그러나 여기서 응당 떠오르는 의문은 토플러의 권고사항에 대해 보다 적극적인 반응을 보였더라도 업계의 엄청난 수고를 덜어주지는 못하지 않았겠느냐 하는 것이다.』 그는 계속해서 『오호라, 모든 일에는 다 때가 있나니』하는 전도서의 구절을 인용했다.

그 때는 곧 찾아왔다. 보고서를 제출한 지 3년 후인 1975년 10월에 필자는 「포천」지 선정 500대 기업에 속하는 어느 회사의 이사회에서 강연을 해 달라는 요청을 받고 아내와 함께 팜비치(Palm Beach)에 가 있었다. 여기서 우리 부부의 만찬회 파트너는 다름아닌 그 당시 AT&T사의 회장이었던 디버츠(John DeButts)였다. 그 어떤 순간이 찾아왔던 것이다.

거구인 디버츠가 악수를 청하면서 환하게 웃었다. 그리고는 놀라운 소식을 전해 주었다. 그 지하 보고서가 빛을 보게 되었다는 얘기였다. 실제로 그 보고서는 수정판으로 출판되어 그 당시 회사 안에서 정책토론자료로 널리 배포되고 있었다. 더구나 그 수정판에는 이렇게 적혀 있었다. 『원래의 원고가 피상적이라고 생각해서는 안된다. 그 정반대이다. … 그 보고서에는 미래에 대응하는 여러가지 문제들에 관한 실제적인 해결방안들이 포함되어 있다. …』

필자가 이 구절을 인용하는 것은 사후적으로나마 칭찬을 받은 것이 기뻐서가 아니라 그것이 적응기업이란 어떠한 것이어야 하느냐에 관해 많은 것을 말해 주고 있기 때문이다. 여기 경영층의 정통성에 뺨을 갈기는 어떤 컨설턴트의 보고서가 있다. 그런데도 회사는 중역들에게 문서를 통해 그 보고서에 면밀한 관심을 기울여야 한다고 촉구하고 있었다.

『찬성하는가, 찬성하지 않는가?』 수정된 보고서의 서문은 이렇게 물으면서 다음과 같이 계속하고 있다. 『중요한 것은 변화에 의해 명령된, 어떤 계획된 방향을 향한 적극적 행동이 필요하다는 그 필연성을 인정하는 것이다. … 토플러의 보고서를 읽다 보면 어떤 것이 어떤 것인지 알 수가 없어 자칫 목욕물과 함께 아기도 내버리기가 쉽다. 여기서 말하는 진짜 「아기」란 그가 위의 권고사항에 도달하기 위해 들인 세심한 노력이라는 것이 본 편집자들의 관점이다. … 토플러가 그의 결론에 도달하기까지의 도정을 이해하는 것은 벨 시스팀 경영자가 변화에 대응할 태세를 갖추는 데 더없이 값진 도움이 될 것이다. 이것이 바로 토플러가 시금석을 손에 쥔 연금술사로서가 아니라 발의자(Mover) 겸 교란자(Shaker)로서의 역할을 수행하면서 벨 시스팀의 사고방식에 미친 중요하고도 큰 공헌이다.」

그들 자신의 여러가지 가정에 직접 일격을 가하는 문서를 뒤늦게나마 회람시킬 용의를 갖춘 경영자들이 과연 몇 명이나 있을까? 만일 AT&T사와 그 자손들이 최근에 겪은 그 엄청난 변화에서 살아남는다면 그것은 적어도 부분적으로는 그들이 조직개편의 서곡으로서 근본적인 임무 재평가가 중요하다는 점을 인식했기 때문일 것이다.

여기서 한 가지 분명한 사실을 서둘러 덧붙이고자 한다. 즉 벨 시스팀의 근본적 개조를 실현시킨 모든 요인들 중에서 필자의 「게임 플랜(game plan)」은 한낱 각주(脚註) 정도의 역할밖에 하지 못했다는 점이다. AT&T사와 같은 대회사는 말할 필요도 없고 세상에 보고서 한 권 때문에 변하는 회사는 없다. 지적인 오만이나 자화자찬이 아니고서야 그 어떤 컨설턴트도 자기가 어느 대회사의 기본적 개편을 실현한 사람이라고 주장할 수는 없다.

원칙적으로 큰 조직체는 몇 가지 선결조건이 충족될 때만 비로소 중요한 변화를 겪게 된다. 첫째, 엄청난 외부적 압력이 있어야 한다. 둘째, 조직 내부에 기존 질서에 큰 불만을 품은 사람들이 있어야 한다. 세째, 계획·모델 또는 비전면에서 어떤 일관성있는 대안이 구현되어 있어야 한다.

이 선결조건들은 비중이 모두 똑같지 않을 수도 있고 충분조건이 아닐 수도 있지만 필요조건임은 분명하다. 얼핏 보기에도 AT&T사는 이 세 가지 조건을 모두 갖추고 있음을 알 수 있었다.

외부압력에는 여러가지 형태가 있을 수 있다. 즉 경쟁강화,

정부의 규제나 개입, 소비자·종업원·환경보호론자들의 요구, 소비자나 주주의 불만, 공급의 차질, 조세제도, 금리, 통화율 등이 그것이다. (이 압력들을 모델화하여 그 강도를 추적해 볼 수도 있다.) 이러한 압력들이 결합되면 그 힘이 막강하기 때문에 조직체는 스스로의 임무를 수행할 수 없게 된다.

내부적 압력이 나타나는 경우는 경영진이 새로운 기회를 포착하지 못하거나 외부적 압력에 신속하고 적절하게 반응하지 못하는 때이다. 또한 조직체는 내부의 책략이나 승진경쟁, 또는 외부세계와 부분적으로 관련된 그밖의 여러가지 분쟁 때문에 긴장을 겪는 수도 있다. 또 신임 최고책임자가 전임자처럼 조직을 운영할 수 없을 때나 신임자가 자신의 정치적 지지세력을 중요한 자리에 앉히려 하기 때문에 조직개편이 불가피해지는 경우도 종종 있다.

그러나 순수한 내부적 압력 때문에 근본적 조직개편이 이루어지는 경우는 거의 없다. 조직개편이 이루어지려면 내부적·외부적 요인들이 강력하게 수렴되어야 하고 내부적「반대세력」의 작용이 있어야만 하는 것이 보통이다. 필자가 반대세력이라고 말하는 것은 정치적 의미의 반대를 말한다. 충성스러운 반대도 있을 수 있으며 또 자기 스스로는 반대세력이라고 생각하고 있지 않을 수도 있다. 그것은 단순히 기존의 정책과 구조를 싫어하고 자기 회사가 외부적 위협에 신속하고 창의적으로 대응하지 못하는 데 대해 불안과 좌절감을 느끼는 경영자들의 네트워크에 불과할 수도 있다.

그러나 설사 내·외부적 압력이 수렴되고 긴실한 반대세력이 존재하는 경우라 할지라도 변화를 원하는 내부인사들이 일관성있는 비전과 전략, 즉 낡은 임무에 대신할 새로운 임무를 제시하지 못하는 한 근본적 변화가 일어날 가능성은 여전히 희박하다.

기존 구조에 대신할 실행 가능한 대안이 없는 한 변화를 반대하는 세력이 승리를 거두게 마련이다. 그러나 이같은 비전이나 계획이 설사 종국에 가서 배척받는다 하더라도 논쟁점들을 부각시키고 변화 지지세력을 규합하고 적응과정을 가속화시킨다는 점에서 여전히 중요한 역할을 수행할 수 있다.

얼핏 보기에 AT&T사가 겪은 그 방대한 변화들은 단지 정부에 의해 부과된 것처럼 보일지도 모른다. 물론 법원과 연방

통신위원회(FCC/Federal Communications Commission)와 의회가 AT&T사의 변화를 강요한 것은 사실이다. 그러나 벨사가 단지 정부의 개입 때문에 개편되었다고 말한다면 그것은 보다 깊은 원인들을 간과하는 것이다. 사실 논리적인 질문이려면 왜 미국 정부의 3부가 모두 개입의 필요성을 느끼게 되었는가를 물어야 한다.

그 누구도 벨사 해체의 복잡한 원인들을 낱낱이 밝히지는 못할 것이며 또 필자는 AT&T사 내부에는 지금까지도 그 모든 후속사태에 동의하지 않는 사람들이 많으리라고 생각한다. 그러나 그 사태를 어떻게 분석하든간에 한 가지 분명한 것이 있다. 1960년대에 와서 대규모의 기술변화—대부분은 벨사의 연구로 뒷받침된 것—가 미국의 산업과 사회를 변모시키기 시작했다는 점이다.

전에는 신기한 물건이었던 컴퓨터가 전체 경제에 중요한 요소로 등장하여 새로운 기계 대 기계 통신의 수요를 크게 늘려놓았다. 인공위성은 전연 새로운 원격통신의 가능성을 열어주고 있다. 지역사회들은 지역내 TV 세트들을 유선화하고 있다. 또한 전체 사회는 과거보다 훨씬 더 복잡하고 다양해져 음성 대 음성, 음성 대 기계, 기계 대 음성 등 각종 통신의 수요도 늘려주고 있다.

벨사의 임무에 구현되어 있는 전통적 이데올로기는 이 기업이 미국의 모든 통신수요를 충족시켜야 한다는 것이었다. 그러나 이러한 수요가 갑자기 폭발적으로 늘어나고 있다. 더구나 이 수요는 급속도로 분화되고 있었기 때문에 어느 단일 회사, 심지어 AT&T사조차도 이를 충족시킬 엄두를 내지 못할 정도였다. AT&T사가 제아무리 신속하게 대응한다 하더라도 (일부 비평가들은 AT&T사가 경쟁으로부터 보호되고 있기 때문에 신속하게 대응하지 못한다고 비난했다) 이 수요를 충족시킬 수는 없었다.

이러한 수요는 개개의 전화 가입자들에게서만 나오는 것은 아니었다. 수요는 컴퓨터화를 추진하는 회사들에게서도 일어났고 업계에서 새로이 강력한 발언권을 갖게 된 컴퓨터산업에서도 나타났다. 더구나 새로운 기술들이 가능성을 넓혀줌에 따라 모험심 강한 기업가들이 뛰어들게 되었다. 그들이 운영하는 기동성 높은 수많은 소규모 회사들이 새로 개척된 여러 분야에 파고듦에 따라 AT&T사의 전통적 권리에 대해서도 개념 수정과 제한이 가해지게 되었다. 이러한 그룹들은 비조직적이었으나 점차 정치성이 강한 세력으로 성장하면서 미국 정부에 대해 AT&T사에 압력을 가하도록 강요했다.

AT&T사의 최초의 반응은 과거에 늘 그래왔던 것처럼 이 정경(政經) 공동의 압력을 일축하는 것이었다. 이 회사의 본능적인 반응은 정면으로 대결하여 침략자들을 힘으로 밀어붙인다는 것이었다. 벨사에 반대하는 세력이 조직되어 로비활동을 벌이고 벨사가 이에 반격을 가하는 동안 온갖 기술적·상업적·법률적·정치적 수단들이 동원되었다. 그것은 그야말로 거대한 싸움이었다.

그러나 벨사의 내부, 심지어 최고위층에서도 내부 분열이 있었다. 필자는 회사내에서 불충스러운 반대세력을 한 번도 본 적이 없었다. 필자가 인터뷰한 남녀 중역들은 한결같이 강한 애사심을 보였고 회사의 업적에 자부심을 갖고 있었으며 외부의 공격자들에 대해 맹렬한 방어자세를 보였다. 그러나 많은 사람들이 회사가 아무런 변화없이 폭풍을 헤쳐나갈 수 있으리라는 데는 회의적이었다. 사내의 어떤 비판자는 벨사가 구조변경 압력에 버텨나갈 수 있다는 논리를 「벨 요새(Fortress Bell)」방침이라고 비꼬기도 했다.

전술한 바와 같이 미국 정부는 반(反)트러스트 열기가 고조되었던 1949년에 AT&T사에게 생산부문 자회사인 웨스턴 일렉트릭사를 분리시킬 것을 요구했었다. 1956년에 AT&T사는 정부와 타협을 보았다. 즉 웨스턴 일렉트릭사는 그대로 유지하되 이 회사의 최신 기술들을 다른 회사들에게 라이선스 방식으로(지금 생각하면 터무니없이 유리한 조건으로) 제공하는 한편 규제받지 않는 어떤 사업에서도 손을 떼겠다고 약속했다.

그러나 1960년대 말과 1970년대 초에 와서는 이러한 타협이 이상적인 것이 아님이 드러나기 시작했다. 기술과 시장에 혁신이 일어나면서 벨사의 여러 중역들은 1956년의 타협이 이 회사가 새 기술을 토대로 하여 크게 확장되는 시장에 영원히 진출하지 못하도록 묶어두는 것이 아니라는 생각을 갖게 되었다. 구질서를 맹목적으로 옹호하는 것은 회사를 미래로부터 몰아내는 결과를 가져올 뿐이라는 생각이었다.

또 벨사의 일부 중역들은 심지어 「보편적 서비스」라는 낡은 임무가 여전히 타당한가에 관해서도 의문을 제기했다. 드디어 성경에 대한 의문이 확산되기 시작한 셈이었다.

필자가 처음 벨사에 드나들 때는 잘 몰랐었지만 지금 회상해 보면 그 당시 회사내에 선견지명을 지닌 사람들이 이미 기본문제들에 대해서 의문을 제기하기 시작했을 뿐 아니라 회사의 최고경영자들은 이 반대세력을 용인해 주면서 심지어는 이들의 연구에 재정적 지원까지 제공할 태세를 갖추고 있었다. 필자의 보고서가 그 본보기였다. 그밖에도 덜 급진적이고 균형잡힌 논조의 여러 보고서들이 사내에서 작성되었다. 이 보고서들이 모두 회사, 회사의 임무, 회사의 장래에 관한 개념을 재정립하는 데 경영진에게 도움을 주었다.

이상이 배경 이야기이다. 필자는 그 당시의 보고서를 지금 이 책으로 발간하면서 일부 수정을 요하는 부분들을 12년 동안에 얻은 사후적인 지식을 활용하여 재집필하고 싶은 생각이 들었으나 이러한 유혹을 물리쳤다. 이 책이 현싯점에서 가치를 지닌다면 그것은 바로 그 내용에 가필이나 윤색이 가해지지 않았기 때문이다. 누구든지 X-선 사진을 「조작」하거나 그것을 토대로 작성한 의약처방을 소급하여 수정해서는 안된다.

그러므로 본문의 기본 줄거리는 벨사의 경영진에게 제출한 내용 그대로이다. 다만 필자는 각 장마다 서두에 짤막한 예비적인 해설을 덧붙였다. 이 해설 부분에서 필자는 그 당시를 회상하면서 여기저기서 약간의 객기를 부리기도 했다. 그러나 이러한 소견들은 분명하게 구별해 놓았기 때문에 1972년에 쓴 부분과 1984년에 쓴 부분이 혼동될 리는 없을 것이다. (전에 쓴 부분과 새로 쓴 부분을 확실하게 구별할 수 있도록 본문 전체를 통해 제목을 달아 놓았다. 「해설」이라는 표제가 붙은 내용은 새로 쓴 것들이고 「보고서」라는 표제가 붙은 내용은 원문에서 옮겨온 것이다.)

끝으로 필자는 경영자들의 여러가지 가정(assumption)에 관해 자주 언급했다. 여기서 조직변화를 생각하고 예측하는 데 있어서의 필자 자신의 몇 가지 가정들에 관해 몇 마디 적어둘 필요가 있을 것이다.

첫째, 필자는 모든 회사의 구조는 그 외부적 환경에 적합해야 한다고—이 경우 외부적 환경의 어느 한 가지 차원에만 적합해서는 안된다—가정한다. 필자가 보기에는 수많은 회사 중역이나 경제학자·기획담당자들이 기업환경을 지나치게 협의의 경제적 개념으로만 파악하고 있다고 생각한다. 이에 반해 필자는 기업환경을 흔히 간과되고 있는 다양한 정치적·사회적·문화적 요소들을 포함하는 개념으로 정의하고 있다. (AT&T사는 규제받는 독점업체로서의 오랜 역사를 지니고 있기 때문에 아무도 정치의 중요성을 과소평가하지는 않고 있었다. 그러나 필자의 소견으로는 AT&T사조차도 기업환경내의 사회적·문화적 요소가 갖는 중요성을 과소평가하고 있었다고 생각한다.) 기업의 전략수립자는 폭넓은 시야를 가져야 한다.

둘째, 필자는 지난 20년 동안 기업환경이 너무나 급속하고도 근본적인 변화를 겪었기 때문에 산업주의적 환경에서 성공하도록 설계된 구조가 오늘날에는 어쩔 수 없이 거의가 부적합하게 되었다는 생각을 가지고 있다. 업계의 지도자나 기업체 전략수립자들이 해야 할 과제는 낡은 구조들을 가려내고 그것들이 회사운영을 망치기 전에 변화시키는 것이다.

세째, 이것은 조직에 관한 여러가지 기본적 신념들—과거에 「효과」가 있었던 아이디어들—을 재검토해야 한다는 것을 의미한다. 한 기업체의 결속에는 공식적인 권위에 못지 않게 경영자들 공동의 신념이 중요하다. 이러한 신념이 타당성을 잃게 되면 여기에 바탕을 두었던 정책은 조직체를 그릇된 방향으로 이끌어 가게 된다. 지금은 표준화(standardization), 규모의 경제, 수직적 통합, 종업원의 동기부여, 대량생산 빛 유통, 소비자 선호, 위계체계 등에 관한 기본적 개념들에 의문을 제기해야 할 때이다.

네째, 필자는 크건 작건간에 고립된 개별적인 추세들을 불신한다. 급속한 변화의 시기에는 직선적 추세의 외삽법(外揷法)에 기초한 전략계획 수립은 본래부터 믿을 만한 것이 못된다. (추세는 너무 늦게 나타나거나 나중에 역전되거나 또는 질적으로 새로운 추세로 전환하게 마련이다.) 단순 추세 투영법에 대한 이러한 비판은 그 추세가 경제적·인구통계적 요인에 국한된 것일 때에는 더욱 합당하다. 계획수립에 필요한 것은 일련의 고립된 추세들이 아니라 여러가지 요인들—기술적·

사회적·정치적·문화적·경제적 요인들—을 상호 연관시키는 다차원적 「모델」들이다.

어느 책의 저자가 자신의 모든 가정들을 낱낱이 열거한다는 것은 불가능한 일이다. 우리 모두는 무한한 가정들에 바탕을 둔 무수한 추론들로 이루어진 건축물 안에서 살고 있다. 그러나 필자가 이 연구에 어떻게 접근해 나갔는지를 밝히는 데는 이상의 몇 가지만을 제시함으로써 충분할 것이다. 이러한 가정들을 밝히는 것은 평가자(appraiser)를 평가하는 데 도움을 줄 것이다.

결론적으로 만일 이러한 가정들이 옳다면 그것은 왜 이 책에서 제기된 문제들이 비단 AT&T사에만 해당되는 것이 아니고 다가오는 위기로부터의 탈출방법을 모색하는 모든 대기업에도 해당되는가를 설명하는 데 도움이 될 것이다.

이 변화의 메시지는 아주 간단 명백하다. 즉 스스로의 기본적 전제들을 가차없이 재검토하고 내버릴 태세가 되어 있지 않은 회사들은 「기업공룡 박물관(Museum of Corporate Dinosaur)」의 전시물로 전락하게 되리라는 것이다.

「초산업주의」에 관한 주석

미래에 대해 이름을 붙인다는 것은 생각처럼 쉬운 일이 아니다.

이 책 전반을 통해서 쓰이고 있는 「초산업주의(Super-Industrialism)」라는 용어는 현재 등장하고 있는 고도기술사회(high technology society)를 지칭하기 위해 사용했다. 필자는 1970년에 출판된 「미래 쇼크」에서 이 용어를 처음 사용했다. 그리고 이 책의 핵심부분을 이루는 「사회적 역학과 벨 시스팀」을 집필할 때 이 단어를 다시 사용했다.

그러나 여러 해가 지나는 동안 필자는 일부 독자들이 초산업주의 사회를 단순히 전통적인 산업주의적 대중사회 — 공업세계라는 의미의 과장된 표현 — 의 확대판이라고 속단하고 있음을 발견했다. 이보다 더 잘못된 생각은 없을 것이다.

이러한 이유와 또 그밖의 다른 이유 때문에 필자는 최근에 집필한 「제3물결(The Third Wave)」과 「예견과 전제(Previews and Premises)」에서는 「초산업주의」라는 단어를 버리고 이를 다른 용어로 바꾸어 썼다. 오늘날의 눈부신 변화를 역사적으로 조명하면서 필자는 1만 년 전에 시작된 농업혁명을 역사변화의 「제1물결」이라고 명명했다. 그리고 전세계에 걸쳐 굴뚝사회(smokestack society)를 보급한 산업혁명을 「제2물결」이라고 불렀다. 또한 필자는 오늘날의 급속하고 대규모적인 변화를 「제3물결」이라고 불렀는데 이 「제3물결」은 고도기술과 정보, 그리고 경제적 목적을 위한 새로운 조직방식에 바탕을 둔 전연 새로운 문명을 창조하고 있다.

필자는 벨 보고서를 완전히 원문 그대로 소개하고자 했기 때문에 이 책에서는 원래의 용어를 그대로 사용했다. 학자들은 이 용어상의 차이에 관심을 가질지도 모르겠지만 어쨌든 필자의 몇몇 저서를 읽은 일반 독자들은 「초산업주의」와 「제3물결 사회」가 대체로 비슷한 용어라고 생각해도 좋을 것이다.

어제의 假定

1. 서 론

해설

오늘날 모든 경영자들을 구별짓는 한 가지 눈에 보이지 않는 선이 있다. 이 선은 직위와 직무를 초월하여 오늘날의 경제적·기술적 변화를 산업혁명의 연장선상의 점진적 확대라고 보는 사람들과 오늘날의 대규모 변화를 진정한 급진적 변화라고 보는 사람들을 구분짓는다. 이렇게 해서 「점진적 중역(incre-mentalist executive)」과 「급진적 중역(radical executive)」이 구별된다.

한 그룹은 연속성을 가정하고 다른 그룹은 불연속성의 점증하는 중요성을 인식한다.

한 그룹은 직선적 전략을 수립하는 경향이 있으며 다른 그룹은 비직선적 관점에서 사고한다.

한 그룹은 여러가지 문제들을 분명하게 한정짓고 제기되는 문제들을 다소간 상호 고립적으로 취급한다. 두번째 그룹은 여러가지 문제들을 그처럼 명백하게 한정짓지 않고 이들을 상호관계 속에서 파악하는 경향이 있다.

한 그룹은 「있을 법한」 문제해결 방법에 능하다. 이것은 환경이 안정된 시기에 적합한 리더십 스타일이다. 다른 그룹은 「있을 법하지 않은」 해결방법을 받아들이는데 이것은 환경이 격변하는 시기에 필요한 스타일이다.

어느 싯점에서 어떠한 기량이 가장 필요한가는 환경에 의해 결정된다. 불행하게도 점진적 중역들은 폭발적인 환경으로 인해 급진주의적 기량이 요구되는 바로 그 싯점에 최고경영층에 오르는 경우가 많다. 이러한 잘못된 결합 때문에 파국이 초래되는 경우가 종종 있다.

이 첫번째 장에서는 AT&T사가 처했던 상황이 왜 단순한 개량주의적 조치가 아닌 근본적 조치를 필요로 하고 있었는가를 밝혀보고자 했다. 또한 AT&T사가 처한 곤경이 보다 큰 사회적·기술적 변혁의 패턴과 일치했었다는 점을 설명했다.

AT&T사만이 곤경에 처해 있었던 것이 아니라 그밖의 여러 업체와 단체들도 변화의 물결에 흔들리고 있었다.

돌이켜 보면 필자가 여기서 언급한 대부분의 기업체와 단체들은 몇몇 예외가 있기는 하지만 현재의 상태는 이 보고서가 집필될 당시보다도 더욱 악화된 것으로 생각된다. AT&T사의 경우에도 이 말이 해당되는 것일까? 과거의 제약요인들을 떨쳐버리고 또 가장 성숙한 사업분야들을 포기하는 것이 반드시 좋은 결과를 가져올지는 아직 판단하기에 이르다. 필자는 좋은 결과를 가져오리라고 믿지만 아직 확실한 판단은 서지 않는다.

앞으로 수십년 이내에 보다 가속화된 기술적·사회적 변화가 일어나리라고 예상한다면 다른 회사들도 곧 AT&T사의 경영진이 처했던 것과 같은 가혹한 선택의 문제에 직면하게 될 것이다. 또한 우리는 산업 전반에 걸쳐 점진적 경영자의 쇠퇴와 급진적 경영자의 대두를 목격하게 되리라고 예상할 수 있을 것이다.

보고서

미래를 내다보는 진지한 학도들은 미국이 앞으로 20년 동안
에 지난 2세기에 겪었던 것보다 더 큰 변화를 겪게 되리라는
데 의견을 같이하고 있다. 이러한 예상은 미국 기업계에 가혹
한 도전을 제기한다. 우리는 지금 한창 새로운 종류의 사회를
창조하고 있다. 농업으로부터 산업주의로의 이행을 완성한 미
국은 지금 초산업주의라고 하는 새로운 발전단계로 접어들고
있다.

초산업주의는 보다 발전된 기술과 근본적으로 다른 조직방
식, 새로운 종류의 인간관계, 새로운 섹스 및 가정관, 새로운
현실경험 방법 등에 기초하게 될 것이다. 이것은 기업계에 새
로운 환경이 조성된다는 것을 의미한다. 또 이 새로운 환경은
새로운 형태의 기업을 만들어 낼 것이다.

AT&T사*가 직면한 과제는 초산업주의적 기업의 의미를 규
정짓고 또 그러한 기업으로 전환하는 것이다.

미래형 기업의 청사진을 제시한다는 것은 아직 불가능하다.
그러나 그 형태를 이루게 될 몇 가지 요인들을 분석하는 것은
가능하다. 이러한 요인들 중 상당수는 이미 벨 시스팀 안에서
작용하고 있으며 앞으로 수년간 더욱 강력하게 작용하게 될
것이다. 사실 벨 시스팀은 이미 초산업주의적 기업으로의 변
혁과정에 들어섰다. 이러한 요인들을 장기계획시에 고려하고
한 걸음 더 나아가 기업의 목표설정에까지 고려하기만 한다면
벨 시스팀은 산업주의시대의 가장 성공한 최대 규모의 기업이
라는 현재의 지위에서 초산업주의시대의 중요한 기업으로의
이행 과정을 성공적으로 완수할 수 있을 것이다.

---

* 「AT&T사」와 「벨 시스팀」이란 명칭을 섞어쓰되 구별이 필요한 경우에만 명시하
고자 한다.

AT&T사의 문제점들은 하나의 패턴을 이루고 있다

산업주의시대의 최대 기업체인 AT&T사는 겉보기에 무관한 듯한 여러가지 난관들에 대해 응분의 책임을 져야 하며 또한 그 무거운 짐 때문에 시달림을 받고 있다.

한편으로는 수많은 경쟁상의 압력이 제기되어 이 기업체에 도전해 오고 있다. MCI(M/A-Com., Inc.), 카터폰(Carterfone), 유선 TV(cable television), 국내용 인공위성 계획, IBM 사(International Business Machines Corp.) 등 통신산업에 관심을 갖는 대기업들의 등장은 모두 AT&T사의 영향권 축소를 위협하는 요인이 되고 있다.

다른 한쪽에서는 소비자 보호주의의 압력이 늘어나고 있다. 즉 서비스 불량에서 빚어지는 소송사건이나 대중의 불만, AT&T사에 대한 대항세력의 조직을 지원하는 「전화 상담자」들의 대두, 특정 고객 ─ 컴퓨터 이용자·교육단체·노령자 ─ 들을 위한 요금인하 캠페인, 그리고 요금인상에 대한 법령상 제약의 증대 등이 그것이다.

또 다른 한편에서는 벨 시스팀이 흑인 등 고질적 실업자들의 고용을 늘려야 한다는 요구가 제기된다. 그런데 이들을 고용하면 훈련상의 문제 때문에 서비스 불량과 소비자 불만을 더 한층 악화시키게 될 것이다.

워싱턴에서는 존슨(Nicholas Johnson)이 AT&T사에 대해 계속 대중적 비판의 북을 쳐대고 있어 특히 젊은층에게 큰 호응을 얻고 있다. 환경보호론자들로부터는 오염방지와 폐기물 재이용에 관한 새로운 압력이 제기되고 있으나 이러한 압력들은 오래된 전화번호부와 같은 역할을 하는 때가 있다.

뉴욕 등 그밖의 도시들에서는 벨 시스팀의 계획자들이 새로운 서비스 시설에 대한 지역사회의 점증하는 저항에 직면하고 있다. 또한 기계파괴 운동과 심지어 사보타지(sabotage)까지 늘어나고 있어 회사와 소비자 양쪽에 분노와 비용부담을 야기시키고 있다.

물론 이러한 여러가지 질병들이 벨 시스팀 경영자들에게는 새로운 것이 아니어서 이 점증하는 「난관의 바다」를 극복하기 위한 꾸준한 노력이 경주되고 있기는 하다. 그러나 이러한 노력들은 한 가지 위험한 오해를 전제로 하고 있다. 즉 외부인사나 경영층 모두가 이러한 문제들을 일정한 패턴이 없는 별개의 문제로 간주하고 있으며 따라서 개별적인 대책을 적용하려는 경향을 보이고 있다. 그러나 이 보고서에서는 이와 반대로 벨 시스팀이 직면한 여러가지 난관들은 훨씬 더 큰 혼란상태에서 빚어진 상호연관적인 징후들이므로 개별적인 방법으로는 이 난관들을 효과적으로 해결할 수 없다는 주장을 내세우고 있다. 이러한 난관들에는 하나의 뚜렷한 패턴이 있고 또한 한 가지 기본적인 원인이 깔려 있다는 것이다. 「AT&T사가 직면한 여러가지 긴박한 문제들은 이 회사의 외부적 환경의 급격한 변화에서 야기된 것이며 또한 이러한 변화를 신속하게 예측하고 대응하지 못한 데서 야기된다.」

AT&T사의 문제들은 보다 큰 사회적 변화의 징후들이다

문제를 옳게 보려면 일단 기업의 테두리를 한 걸음 벗어나 볼 필요가 있다. 그렇게 하면 여러가지 중요한 사회적 제도들의 붕괴현상에 일정한 패턴이 있음을 발견할 수 있다. 이러한 붕괴현상은 수요의 양과 그 성격의 급격한 변화로 인해 야기된 경우가 많다.

대학 : 전통적인 고등교육제도는 재정상의 위기에 처해 있어 사회가 요구하는 온갖 다양한 서비스를 더 이상 제공할 수 없게 되었다. 전문화된 교육서비스, 개별화된 교육, 새로운 형태의 강습 등의 요구가 커다란 부담을 안겨주고 있다. 입학개방과 흑인을 위한 특별 교육프로그램으로 인해 교육의 「질」 (비록 질의 의미가 명확히 정의되어 있지는 않지만)이 악화되고 있다는 비난이 일어나고 있다. 여러 사립대학은 재정파탄에 직면해 있으며 소비자—즉 학생—들은 비록 노골적인 항의는 하고 있지 않지만 기본적으로는 여전히 시대에 뒤떨어진 제도에 불만을 품고 있다.

증권시장 : 주요 증권회사들의 파산 또는 파산 위기는 이 제도가 급속하고도 예측하기 어려운 수요의 상하운동에 대응하지 못하고 있음을 말해 준다. 증권시장의 물량이 늘어나는 경

우 증권회사나 투자신탁회사, 그밖의 기업들은 사무처리 능력
이 크게 뒤처져 컴퓨터를 동원해도 물량처리를 감당하지 못하
고 있다. 또 증권시장이 급속히 와해되는 경우는 제때에 영업
규모를 축소할 수 없다.

철도 : 펜 센트럴사(Penn-Central Corp.)의 파산과 이로 인한
통근서비스의 와해는 전체 운송체제가 처해 있는 곤경을 단적
으로 드러내 주고 있다. 운송회사인 철도회사는 공공서비스의
책무를 완수해야 하며 따라서 수요를 관리하기 어려운 입장에
있다. 또 철도회사는 거미줄과 같은 각종 규제와 경영상의 경
쟁압력 때문에 수요를 제대로 충족시킬 수도 없는 처지에 있
다.

도시 : 뉴욕과 그밖의 도시 중심지역에서는 필수적인 서비스
체제가 과중한 부담에 허덕이고 있다. 교육제도는 수요를 충
족시키지 못하고 있다. 위생제도도 비틀거리고 있다. 보건서
비스도 과중한 부담으로 악화되고 있다. 지하철·버스·승용
차 등의 운송서비스는 비용 상승으로 한계에 도달하고 있다.

미국 이외의 다른 나라들에서도 이와 유사한 시련이 나타나
고 있다. 런던에서는 하수처리 노동자들의 파업으로 5억 톤의
미처리 하수가 급수원에 유입될 위기에 처해 있다. 길거리에
는 쓰레기 더미가 쌓이고 발전소의 파업으로 제한송전 사태가
벌어졌다. 파리·동경 등 그밖의 대도시들도 이와 유사한 문
제를 겪고 있다.

우리는 또한 항공·우편·복지제도·발전(發電) 등 여러가
지 분야에서도 이와 유사한 난관을 얼마든지 들 수 있다.

이같은 조직적 붕괴에 관한 여러가지 증거가 있는 데도
AT&T사의 당면문제들을 단순히 우발적인 것으로 보거나 이
회사만의 특이한 문제라고 보는 것이 과연 합당할까?
「AT&T사의 문제들은 이를 보다 큰 현상의 일부로서 인식할
때라야만 비로소 이해할 수 있다. 이 현상은 다름아닌 산업주
의 질서의 붕괴와 새로운 초산업주의 질서의 등장이다.」

초산업주의 혁명에서의 AT&T사의 중심적 역할

AT&T사는 초산업주의 혁명(super-industrial revolution)에서

의 중심적 역할을 모면할 수 없다. 실제로 AT&T사는 이 방대한 사회적 격변을 「발생」시키는 핵심적 요소들 중의 하나이다.

첫째, AT&T사는 새로운 초산업주의 체제 건설의 바탕이 되는 첨단기술의 중요한 창조자이다. 이 회사는 예컨대 트랜지스터와 같은 새로운 기술들을 산업주의 체제에 공급해 줌으로써 일반적인 변화의 속도를 크게 가속화시켰고 또한 이렇게 함으로써 체제의 「탈안정화(destabilizing)」에 기여했다.

둘째, AT&T사는 정보산업 업체이기 때문에 이 혁명에서 중심적 역할을 하고 있다. 지난 날에는 토지·노동·자본이 생산의 핵심적 요소였다. 미래에는—이미 미래를 맞이하고 있는 산업도 많지만—정보가 핵심적인 요소가 될 것이다. AT&T사는 사회에서의 신속하고도 대규모적인 정보의 흐름을 가능케 해줌으로써 초산업주의 체제의 도래를 돕고 있다. AT&T사는 그 자체가 혁명적 변화의 매개자이다.

세째, AT&T사는 다른 어느 대기업보다도 공격에 노출되기 쉽다는 점에서 특수한 역할을 수행하고 있다. 이 회사의 말초신경은 문자 그대로 만인의 부엌이나 사무실에까지 뻗쳐 있기 때문에 마음만 먹으면 누구라도 이 말초신경을 자극할 수 있다. 이 전화회사에 미치는 자극의 수준은 이 회사가 통제할 수 없는 외부적 요인에 의해 결정된다.

끝으로 AT&T사가 특수한 역할을 하는 것은 이 회사가 세계 최대기업의 하나이기 때문이다. 향후 10~20년 동안 이 회사의 운명은 수많은 사람들에게 영향을 미칠 것이다. 이 회사가 모범을 보여 준다면 미국 내외의 수많은 회사들에게 좋은 본보기를 제시해 줄 수 있을 것이다. 이와 반대로 AT&T사가 어떤 이유로든지 파산하거나 아니면 일시적이라도 파국에 처하게 된다면 사회적·경제적으로 커다란 재앙을 불러일으킬 수 있을 것이다. 그렇게 되면 미국의 안보를 위태롭게 할 뿐 아니라 전세계에 걸쳐 책임있는 기술발전을 지연시키게 될 것이다.

이상과 같은 이유 때문에 AT&T사의 경영자들은 향후 10~20년을 내다보는 새로운 목표를 인식할 필요가 있다. 즉 「벨 시스팀을 현재의 산업주의적 형태에서 새로 등장하고 있는 초산업주의 체제에 보다 적합한 형태로 전환시키고」 이러한 전

환을 완수함에 있어서 내부적 격변을 최소한으로 줄이는 방향
에서 사회 전체에 대한 기본적 통신서비스의 제공을 계속한다
는 목표를 인식해야만 한다.

이같은 이행을 이룩하자면 새롭고도 보다 개선된 계획체계
가 필요하다. 그러나 이러한 체계는 회사에 작용하는 사회적
요인들에 대한 명철한 이해와 함께 산업주의와 초산업주의의
기본적인 차이점에 대한 명확한 인식에 바탕을 두어야만 한
다.

2. 베일(1885~1950년)의 통찰

해설

모든 기업은 한 가지 신념체계를 가지고 있다. 이 체계는 적어도 회사의 회계제도나 권한위임 체계에 못지 않게 중요하다.

어떤 사회가 기술변화의 물결에 휩쓸리게 될 때 그 사회는 여러가지 신념들을 재검토하도록 강요받는 경우가 많다. 예를 들어 피임약·컴퓨터·유전자 선발·유선 TV 등은 부모의 책임·프라이버시·인종주의·춘화 등 여러가지 사항에 관해 새로운 문제들을 제기하게 된다. 이러한 사회는 오랫동안 지속되어 온 특정한 신념들이 들어맞지 않게 되거나 시대에 뒤떨어지게 되는 상황을 맞이하게 된다.

마찬가지로 회사도 역시 자신의 신념체계가 새로운 상황에 부적절해지는 경우에 처할 수 있다.

그러나 기업의 뒤떨어진 가정들을 골라내기란 쉬운 일이 아니다. 가장 중요한 가정들일수록 별로 논의되는 일이 없기 때문이다. 중요한 가정들은 너무나도 분명하고 당연한 것으로 간주되어 일종의 기업의 무의식 같은 것을 형성하고 있기 때문이다.

이러한 이유 때문에 필자는 벨 시스팀의 성공에 기여한 기본적 신념들 중의 일부는 일부러 「회피」하기로 했다. 필자는 이 신념들 중 상당수가 지금은 거의 잊혀진 조직의 천재로서 금세기 초에 AT&T사를 처음으로 업계에 등장시킨 베일(Theodore Vail)에 의해 만들어진 것임을 알게 되었다. 베일은 점진주의적 경영자가 아니라 급진적인 경영자였다. 그는 그 당시 등장하고 있던 산업사회에 관한 나름대로의 지식에 근거하여 보다 전통적인 기업인들이 갖고 있던 가정들에 대해 의문을 제기했다.

베일의 생각들은 결국 하나의 성서를 이루게 되었다. 여러 세대 동안 벨사의 경영자들은 이러한 신념들에 바탕을 두고 성장했으며 또한 이것들을 논의의 여지도 없는 명백한 신념으로 받아들였다. 더구나 이것들은 결정의 기초로서 활용되었고 제대로 효과를 나타냈기 때문에 벨사는 엄청난 성공을 거두게 되었다.

그러나 필자가 이 회사에 초빙될 당시에는 일이 전처럼 잘 되고 있지 않았다. 벨사의 신념체계가 아직도 행동지침으로서 적합한지에 관해 의문을 제기할 때가 되었다.

회사가 기민하게 대응해 나가지 않으면 언젠가 갑자기 자신의 조직기구가 시대에 뒤떨어졌음을 발견하게 된다. 그러나 녹슨 조직기구보다 더욱 위험한 것은 녹슨 관념이다. 오늘날처럼 고도로 변화하는 환경에서 과연 어제의 신념체계에 따라 운영되는 기업이 참다운 적응력을 발휘할 수 있을까?

보고서

AT&T사는 의심할 바 없이 역사상 가장 위대한 기업 중의 하나이다. 그러나 중세시대의 금융재벌이나 중상주의 시대의 호상(豪商)들과는 달리 AT&T사는 산업주의시대에 탄생했다. AT&T사가 거둔 엄청난 성공은 이 회사의 경영을 둘러싼 사회적 환경에 대한 깊은 인식에서 비롯된 것이었다. 베일과 벨 시스팀의 창업자들은 직관적이거나 의식적으로 산업주의 체제가 어디로 나아가고 있는지, 그리고 이 체제를 움직이는 힘이 무엇인지를 알고 있었다. 이것을 알고 있었기에 그들은 AT&T사를 그 시대, 그 장소에 완전히 적응하는 조직체로 만들 수 있었다.

베일이 그 당시의 세계에 관해 「알고」 있었거나 당연한 것으로 받아들였던 사항에는 다음과 같은 것들이 있다.

• 대부분의 사람들은 인생에서 동일한 것을 원하고 있고 또 대부분의 경우 경제적 성공이 궁극적 목표이기 때문에 이들에게 동기를 부여하는 방법은 경제적 보상을 제공하는 것이다.

• 회사는 규모가 클수록 보다 우량하고 강력해지며 또 보다 많은 수익을 올릴 수 있다.

• 중요한 생산요소는 노동·원료·자본이며 토지는 여기에 포함되지 않는다.

• 표준화된 재화와 서비스를 생산하는 것이 산출단위가 서로 다른 제품을 한 개씩 생산하는 수공업보다 능률적이다.

• 가장 능률적인 조직은 각 하부조직이 하나의 위계체계 속에서 항구적이고 분명히 정의된 역할을 갖는 관료체제, 요컨대 표준화된 결정을 생산하는 조직기구이다.

• 기술의 발전이 생산의 표준화에 도움이 되며 「진보」를 가

져다 준다.

●종업원 대부분의 작업은 일상적·반복적·표준적이어야
한다.

산업주의 사회의 작용방식에 관한 이같은 일련의 가정들에
힘입어 베일과 동시대의 사람들은 AT&T사를 위해 현실적인
목표들을 마련하고 또한 이러한 목표들을 실행하기 위한 효과
적인 기술과 절차를 창안해 낼 수 있었다.
이렇게 해서 벨 시스팀의 초기에는 전기간을 통해 표준화운
동이 지배했다. 대략 1900~50년에 이르는 반세기 동안 이
회사를 지배한 표어는 『단일 정책, 단일 시스팀, 보편적 서비
스』였다.[1] 베일의 시대 전체를 통해 이 회사를 지배한 가정들
을 이보다 더 간명하게 나타내 주는 표현은 없다. 결국 이 표
어는 하나의 단순한 기업목표로 이어졌다. 그것은 바로 시장
의 포화상태를 추구한다는 것이었다.[2]
1940년 말까지만 해도 미국 가정의 전화보급률은 40%가 못
되었다.[3] 이것은 작은 일이 아니었다. 모든 미국 가정에 전화
기—똑같은 검은색 전화기—를 설치한다는 목표는 분명하고
이해하기 쉬울 뿐 아니라 듣기에도 그럴 듯하고 훌륭하며 또
사기를 북돋우는 목표이기도 했다.
이처럼 AT&T사의 사람들은 자기들의 사명이 무엇인지 알
고 있었다. 더구나 이 사명은 그 당시의 시대정신과 완전히
일치하는 것이었으며 산업주의시대의 환경과도 합치하는 것
이었다. 다른 회사들도 모든 가정에 똑같은 자동차, 똑같은
냉장고, 똑같은 진공청소기를 공급하고자 노력했다. 포드
(Henry Ford)는 그의 유명한 재담을 통해 이러한 상황을 설명
하면서 「검은색이기만 하다면」 어떤 색의 포드 승용차라도 구
매할 수 있을 것이라고 말한 적이 있다.[4]
보편적이고 표준화된 서비스라는 이 목표는 기업경영에 중
요한 의미를 함축했다. 이 목표는 무엇보다도 생산공정의 표
준화를 의미하는 것이었다. AT&T사도 개별적 업무를 표준화
되고 연속적이며 「가장 효율적인」 일상업무로 환원시키고자
하는 이른바 과학적인 시도로 널리 알려지게 되었다. 수백만
개의 동일 제품을 만들어 내는 데는 엄격한 분업이 가장 이상

적이었으며 따라서 AT&T사는 업무와 책임을 더욱 세분하는 방법을 터득했다.

표준화 압력은 제조부문 밖에서도 일어났다. 각 운영회사들은 기계적 문구를 반복적으로 사용하는 방법을 터득했다. AT&T 본사에서 운영회사와 지역사무소에 이르는 위계적 권한의 흐름은 모든 운영단계 —인력훈련과 작업명세에서부터 시설의 질, 물품청구절차, 고객관계에 이르는—에 획일적인 표준화의 확립을 촉진시켰다. 제1차세계대전 이후로는 거의 모든 회사의 트럭들을 군용트럭처럼 획일적인 올리브색으로 칠하게 되었다.[5] 그리고 AT&T사가 전국에 걸쳐 동일한 제품과 동일한 서비스를 판매하게 되면서부터 전국적으로 보편적 서비스와 「웃음띤 목소리」를 강조하는 판매 스타일과 전략이 채택되게 되었다.[6]

그러므로 표준화가 미친 커다란 영향을 이해할 필요가 있다. 표준화된 것은 최종제품만이 아니고 생산·분배 및 서비스의 방법, 실제의 작업절차와 조직형태까지도 표준화되었다.

요컨대 벨사의 경영자들은 도처에서 회사 전체에 걸쳐 신속하게 복제할 수 있는 더욱 더 단순하고 일상적인 절차들을 모색하기 위해 집중적인 노력을 경주했다. 그리고 그들은 이러한 절차들을 발견하고 표준화하는 데 성공함으로써 이 회사가 산업주의시대를 경제적으로 지배하도록 만드는 데 크게 기여했다.

1940년대 말경에 AT&T사의 영업수익은 연간 29억 달러에 달했다.[7] 이 회사는 50만 명 이상의 근로자를 고용하여[8] 연간 2,100만 달러의 배당금을[9] 83만 명의 주주들에게[10] 지급했다. 또한 통신업계 시장에서 가장 큰 몫을 차지함으로써 어느 모로 보나 세계 최대의 민간기업의 하나로 등장하게 되었다.

제 II 부

탈표준화

3. 핑크색 프린세스 정책(1950~1970년)

해설

1950년대 중반 이래 미국 기업계와 사회의 점증하는 다양성은 미국 경제에 영향을 미친 가장 중요한—그러나 간과되어 온—요인들 중의 하나였다.

AT&T사는 대중사회에서 군림하게 되었다. 대중사회는 대중시장, 획일적 재화 및 서비스, 그리고 장기적 생산의 세계였다. 1950년대경에는 교외주택 지역의 일률성과 대중적 순응주의—그 정치적 반영은 매카시즘(역주 McCarthyism, 극단적인 반공운동)—가 미국인 생활의 특징을 이루게 되었다. 그러나 1960년대에 와서는 생활양식·의견·복장·가족구조 및 소비자 요구면에서 새로운 다양성이 모습을 드러내기 시작했다.

회사들은 보다 상이한 유형·크기·색상·모델 그리고 보다 다양한 서비스와 절차를 도입하기 시작했다. 각 회사는 시장의 다양화를 인식하게 되었다. 유통관계자들은 더욱 더「세분화(segmentation)」라는 말을 입에 올리게 되었다. 그러나 자기 자신의 유통패턴과 미국의 사회·문화·정치적 구조에서 일어나는 보다 깊은 변화간의 연관성을 인식한 사람은 별로 없었다.

필자는 1970년에 출판한「미래 쇼크」에서 이 새로운 다양성을 분석한 바 있다. 그리고 벨 보고서에서는 표준화의 극대화를 토대로 성공한 회사에게 있어서 다양화가 갖는 의미가 무엇인가 하는 문제를 제기했다. 한 업체는 보다 다양한 크기·유형·색상·모델·서비스를 도입함으로써 점증하는 시장의 다양화에 부응할 수 있을 것이다. 그러나 이 경우 회사 내부에서는 어떠한 일이 일어날 것인가?

컴퓨터의 도입으로 다양화의 비용이 줄어들기는 하지만 이 변화가 기업조직과 회사내의 인간관계에 어떠한 영향을 미치는가 하는 문제에 관해서는 아직까지 별로 관심이 주어지지 않고 있다. AT&T사는 다른 여러 회사들에 비해 일찍부터 이러한 영향을 실감하기 시작했다.

이 때문에 필자는 AT&T사가 시장세분화에 따른 조직변화를 관찰할 수 있는 훌륭한 실험실이 될 수 있다고 생각하게 되었다. 그리고 필자는 역사적인 AT&T사의 해체를 하나의 상징적인 사건, 즉 사회의 점증하는 세분화에 병행하는 조직의 세분화를 상징하는 사건으로 인식하게 되었다.

보고서

시장의 포화상태(market saturation)와 보편적 서비스 달성이라는 베일의 목표는 1950년대 초경에는 거의 달성된 것처럼 보였다. 벨 시스팀의 경영층은 이때부터 미래를 내다보면서 방향 전환의 시기가 도래하지 않았는가, 실제로 회사가 새로운 목표를 설정할 싯점에 와 있지 않은가를 검토하기 시작했다.[11]

많은 회사들이 단일 제품 또는 단일 서비스 시장에서 포화상태에 도달한 후 새로운 모델·크기·스타일·색상 또는 추가적인 서비스를 창안해 내고 있다. 이런 회사들의 시장정책은 실제로 수직적 침투에서 수평적 침투로 전환하고 있다. 벨 시스팀 내부에서도 심사숙고한 전략이라기보다는 본능에 따라 조금씩 새로운 「수평적」정책이 등장하게 되었다. 보편적 서비스라는 기업목표에 대신하여 고객에 대한 서비스의 증폭 및 다양화를 촉구하는 정책이 나타나게 되었다. 핑크색 프린세스(Princess) 전화기의 시대가 도래했다.

제품의 탈표준화

AT&T사는 1954년에 모두 8가지 색깔의 컬러 전화기 계열을 처음으로 내놓았다.[12] 그 뒤를 이어 스피커폰(Speakerphone), 벽걸이 전화기, 프린세스 전화기 등 일련의 혁신제품들이 나타났다.[13] 오래지 않아 각 가정에서는 일종의 가정용 마춤 전화기 시스팀—부엌에는 흰색 벽걸이 전화기, 주인 침실에는 핑크색 전화기, 그리고 지하실에도 별도의 내선 전화기 등—을 설치하기 시작했다. 그리고 수화기는 임대 물품이었기 때문에 고객들은 실내의 페인트 칠을 새로 하거나 아파트의 실내장식을 바꿀 때마다(개인의 이동률이 높아지고 임대주택의 수가 늘어남에 따라 이러한 일이 더욱 빈번해졌다) 서슴없이 전화기의 색상과 모델을 바꾸곤 했다. 심지어 한 칸짜리 아파트의 거주자들도 간이부엌에 벽걸이 전화기를 설치하고 침대

옆에 또 다른 수화기를 설치하기에 이르렀다.

영업용 전화부문에서도 가정용 제품의 다양화와 병행하여 콜 디렉터(call director)와 같은 복잡한 구내 통신시스팀이 도입되었다. 영업용 전화부문에서의 특수한 수요는 컴퓨터산업의 급성장으로 크게 늘어났다. 1950년대 말까지만 해도 벨 시스팀의 영업은 음성 대 음성 통신에 국한되었었다. 그 이후로는 전화 회선망에서 차지하는 데이타 전송—사람 대 기계, 기계 대 사람, 기계 대 기계—의 비중이 증대했다. 이렇게 해서 벨 시스팀은 더욱 다양해진 음성 대 음성 서비스와 함께 더 한층 정교한 전문적 데이타 전송의 수요에 직면하기 시작했다. 예컨대 1958~68년의 10년 동안에 벨 시스팀은 간단한 카드 판독기(card reader)에서 거대한 컴퓨터에 이르기까지 200종의 사무기에 호환성을 갖는 45개 타입의 「데이타폰(Data-Phone)」 세트를 생산해 냈다.[14)

1970년경에는 제품의 종류가 엄청나게 늘어났다. 오늘날 AT&T사는 사설자동교환시설(PBX/private branch exchange)의 송수화기용 특수 접속장치(고객의 사용료는 월 25센트)에서부터 록히드 항공사(Lockheed Aircraft Corp.)가 연간 1,200만 달러를 들여 사용하는 것과 같은 개별 기업체의 통신시스팀에 이르기까지 약 25만 가지(정확한 수는 아무도 모른다)의 서비스를 제공하고 있다.[15) 벨 시스팀은 현재 6가지 색깔의 전화기와 패널 폰(panel phone), 터치톤(Touch-Tone) 전화기, 폭발 방지 전화기, 난청자용 전화기, 수중 전화기 등 약 1,500 종류의 전화기를 생산하고 있다.[16)

생산의 탈표준화

소비자용 제품이 더욱 차별화(differentiation)·탈표준화(destandardization)됨과 함께 그 밑바탕을 이루는 벨 시스팀의 기술들도 변혁을 겪게 되었다. 중요한 기술혁신이 연달아 이루어져(그 대부분은 벨 연구소에서 나옴) 통신사업의 기술적 토대가 뒤바뀌게 되었다. 집적회로·박막(薄膜) 기술과 그밖에 수천가지에 달하는 잡다한 기술혁신들은 벨 네트워크의 용량을 크게 증대시켰다. 그러나 이것은 공장설비와 생산과정의 엄청난 다양화를 이룩한 댓가로 이루어진 것이었다.

약 5,000조의 회선 접속능력을 가진 벨 통신망은 현재 1조 이상의 부품들로 이루어져 있으며 그 수는 지금도 급속도로 늘어나고 있다.[17] 그리고 최근 마이애미와 워싱턴시간에 설치된 L-4 케이블 시스팀은 완공되는 경우 100억 이상의 부품들을 수용할 예정인데 종전의 L-3 케이블 시스팀의 부품 수는 「불과」 100만이었다. 그러나 부품의 증가는 단순한 숫적인 증가에 그치지 않고 동시에 부품 종류의 엄청난 증가를 수반하고 있다.[18]

이같은 다양성의 증가는 간단한 단말기의 차원에도 반영되고 있다. 웨스턴 일렉트릭사에 관한 매킨지사(Mckinsey & Co.)의 보고서에 의하면 『모델·색상 및 전화국 설비용 코드 길이의 증가로 인해 모든 단계에 걸쳐 재고품목의 수도 증가할 수밖에 없었다.』[19]

이처럼 더욱 다양해진 부품과 제품을 만들어 조립하려면 이에 상응하는 다양한 공장설비 및 생산공정을 설치해야 한다. 보드(Hendrik W. Bode) 박사는 벨 시스팀의 기술적 통합에 관한 그의 보고서에서 탈표준화로의 이행에 따라 『전화기 생산 공장에 사용되는 시설의 종류와 이를 생산하는 데 필요한 제조방법의 종류가 크게 다양화하는 뚜렷한 추세가 나타나고 있다』고 지적했다.[20] 그는 다른 곳에서도 거듭해서 『새로운 공정의…다양성』은 『지난 날의 금속 구부리기』와 매우 대조적이라고 강조하고 있다.[21]

그러나 「이러한 추세가 가져온 가장 중요한 귀결은 매우 장기적이었던 생산기간(production run)이 상대적으로 단기적인 생산기간으로 전환되었다는 점이다.」 보드 박사는 이렇게 말하고 있다. 『지난 날의 제품라인은 오늘날의 기준에 비추어 보면 한낱 초보적인 것으로 보인다. … 웨스턴 일렉트릭사가 만들어 내는 제품은 … 가입자 전화기처럼 수백만개씩 생산되는 품목으로부터 연간 생산량이 수십개에 불과한 품목에 이르기까지 … 엄청난 다양성을 보이고 있다. …』[22]

웨스턴 일렉트릭사의 최고경영자는 최근 이렇게 지적했다. 『우리 회사는 500가지의 일반 전화기를 매년 800만 내지 900만대 생산한다. 색상 및 그밖의 형태상의 차이를 감안한다면 우리는 약 1,500 종류의 전화기 또는 그 변형을 생산하고 있는 셈이다. 고객의 선택범위가 넓어지면 생산기간이 크게 단축되게 마련이다.』[23]

예컨대 웨스턴 일렉트릭사가 1968년에 슈리브포트 공장과 인디애나폴리스 공장(이 두 공장은 벨 시스팀의 전화기 생산량의 거의 전부를 차지한다)에서 생산한 전화기의 4분의 3은 『지난 10년 동안에 도입된 특제품 전화기 또는 신형 모델』로 분류되었었다. 생산된 전화기 4대 중 1대만이 「일반용 다이얼 전화기」 범주에 속했다. 「일반용」 전화기의 장기적 생산 대신에 보다 다양한 모델들의 단기적 생산이 이루어지게 되었다.[24]

또한 벨 시스팀은 대량생산된 소조립부품(sub-assembly)보다는 특수한 조립부품에 더욱 더 의존하게 되었다. 엄청나게 다양한 수요를 감당해야 하는 새로운 전자교환시스팀(ESS/Electronic Switching System)은 대량생산되는 것이 아니라 한 대씩 만들어지고 있다. 웨스턴 일렉트릭사의 한 전직 사장은 이렇게 말한다.『전자교환 방식을 채택하기 전에는 우리 회사는 3가지의 주요 교환시스팀만 가지고 있었다. 지금은 똑같은 전화교환기가 문자 그대로 하나도 없다. 모든 교환기가 지역사회에서 요구하는 옵션에 따라 주문생산되고 있다.』[25] 웨스턴 일렉트릭사의 또 다른 간부는 이렇게 지적한다.『모든 전화교환기가 저마다 다르다. … 통화폭주 시간이 다르고 회선 수가 다르며 통화의 종류나 동전 박스 등 모든 것이 다르다.』[26]

물론 이러한 지적이 어느 정도 사실이기는 하지만 새로 나온 ESS와 구식의 No.5 크로스바 교환기간에는 한 가지 커다란 차이점이 있다. ESS 시스팀은 부품 수가 매우 많고 또 여러가지 방식으로 결합할 수 있기 때문에 주문생산의 범위가 훨씬 높다는 점이다.[27] 지역사회 자체가 사회적·인종적·경제적으로 보다 다양해짐에 따라 앞으로 제품의 형태도 더욱 다양화할 것으로 예상된다.

한 가지 중요한 것은 「단기적 생산이라는 개념이 비제조부문의 운영에도 마찬가지로 해당된다」는 점을 인식해야 한다는 것이다. 여러가지 서비스나 제공물의 수가 늘어나게 되면 회사는 이러한 일들을 취급하는 새로운 일상업무 조직을 만들어내야 한다. 그러나 일상업무의 가지수가 늘어나면 개개 일상업무의 적용 횟수는 줄어들게 마련이다. 그러므로 사무관리나

고객 서비스 등 모든 일상적 영업활동에서는 업무량과 인원이 늘어나게 되며 반면에 이들의 결정과 거래행위의 반복성은 일반적으로 감소하게 된다.

바로 이러한 이유 때문에 지난 10년간 벨 시스팀의 조직내에는 업무가 복잡해서 못살겠다는 숨막힐 듯한 분위기가 팽배하게 되었고 이에 따라 보다 정밀한 경영관리 체제가 요구되고 직원들의 퍼스낼리티와 기능적 특징에 변화가 요구되기에 이르렀다. 또한 새로운 경영관이 요구되었다. 즉 산업주의시대에 금과옥조로 삼았던 몇몇 가정들을 과감하게 내버릴 수 있는 마음가짐이 요구되었다.

지금까지의 내용은 다음과 같이 요약할 수 있다. 「한편으로는 표준화된 대량생산에서 다른 한편으로는 일종의 주문생산에 이르는 다양한 범위에 걸쳐 벨 시스팀의 전체 조직은 부지불식간에 그 위상을 수정해 가고 있다. 벨 시스팀은 최대한의 표준화라는 베일의 이상에 접근해 가는 것이 아니라 더욱 더 그 반대의 방향으로 나아가고 있다.」 이렇게 해 가는 동안 벨 시스팀은 스스로도 의식하지 못하는 가운데 산업주의적 기업체가 아닌 초산업주의적 기업체로 변모해 가기 시작했다.

4. 초산업사회의 통신시장

해설

한 회사가 업계에서 주도적 지위를 상실하면 어떠한 일이 발생하는가? 그것을 반드시 경영부실이나 쇠퇴의 징조로만 보아야 할 것인가? 그 대책은 무엇인가?

이러한 질문에 답하기 전에 우선 변한 것이 무엇인가를 밝혀낼 필요가 있다. 회사의 쇠퇴는 빈약한 경쟁력 탓이기 때문에 이를 단순히 새로운 기계나 현명한 마키팅 전략을 도입하기만 하면 해결할 수 있는 것인가? 그 업체는 사양길에 접어든 산업내에서 쇠퇴하고 있는 것인가, 아니면 성장산업내에서 쇠퇴하고 있는 것인가? 보다 중요한 문제로서 이 쇠퇴는 어느 회사도 통제할 수 없는 사회적·경제적인 구조변화와 관련된 것인가? 이러한 문제들을 규명하지 않고서는 어느 누구에게 쇠퇴의 책임을 묻거나 또는 기업생존의 전략을 마련할 수 없을 것이다.

이 장에서 필자는 AT&T사가 안고 있는 문제점들은 실제로 구조적인 것이며 미국 기업과 사회의 점증하는 분화현상과 관련되이 있다고 주장했다. 1960년대 이래 이같은 다양성의 증대는 전문화된 통신서비스의 수요를 폭발적으로 증대시켰다. 이러한 수요는 어느 한 회사, 심지어 AT&T사조차도 혼자서 충족시킬 수 없을 정도였다.

필자가 이 보고서를 작성한 1972년경에는 이미 웨스턴 일렉트릭사가 다시는 단말기 시장에서 과거와 같은 큰 몫을 장악할 수 없으리라는 것이 분명해지고 있었다. 인공위성·유선 TV·컴퓨터 등 본질적으로 AT&T사의 지배영역 밖에 있는 기술들이 통신체제를 변혁시키고 있었다. 그 변화의 규모와 복잡성 때문에 방대한 벨 시스팀의 자원마저도 왜소해 보일 지경이었다. AT&T사에서 일어나고 있는 사태는 산업주의시대를 벗어나는 이 사회의 역사적 이행과정의 일부를 이루고 있었다.

그렇다면 벨사가 안고 있던 문제들은 적대적인 국회의원이나 규제당국 또는 불공정한 경쟁업자나 짓궂은 소비자들의 탓이라고만 설명할 수는 없다. 그 문제들은 보다 깊은 원인들에서 비롯되었다.

이 말은 오늘날의 여러 회사들에도 그대로 해당된다는 것이 필자의 생각이다. 외국과의 경쟁이나 석유값, 「게으른」 노동자들이나 정부의 규제를 탓하는 기업 간부들은 사실은 그들이 난관에 처하게 된 보다 깊고 보다 구조적인 이유들을 스스로 덮어두고 있는 것인지도 모른다. 그러므로 그들은 생존에 필요한 적응적 변화들을 크게 과소평가하고 있다고도 말할 수 있다.

보고서

이같은 탈표준화로의 전환을 가져온 벨 시스팀 내부의 정책 결정들은 단순한 진공상태에서 이루어진 것이 아니었다. 또 그러한 결정들이 순전히 내부적 검토의 결과로서만 나타난 것도 아니었다. 그 결정들은 그 당시 다른 통신 관련회사들에게도 미치고 있던 엄청난 외부 압력에 대한 벨사 경영층의 반응이었다고 보아야 할 것이다. 실제로 지난 20년 동안의 전체 통신산업의 진화과정을 검토해 보면 우리는 즉시 평행현상을 발견하게 된다. 즉 벨사가 처했던 내부 상황들의 대부분은 벨사의 외부에서도 일어나고 있었다. 벨 시스팀의 「내부적」 환경에서 일어난 변화는 그 직접적인 「외부적」 환경, 즉 통신산업에서 일어난 여러가지 중요한 변화들과 직접 연관되어 있었다.

1950년에는 미국의 통신산업 부문에서 활동하고 있던 기업들은 비교적 소수였다. 이 회사들의 상호관계와 정부에 대한 관계는 단순했고 또 상대적으로 지속적이었다. 각 회사는 업계내에서 다소간 뚜렷이 한정된 기능을 수행하고 있었다. 또한 AT&T사의 지배적 역할은 안정되어 있었다.

1970년에 와서는 통신시장이 수많은 회사들로 단편화되어 수많은 대체 서비스와 제품들을 내놓으면서 매우 복잡한 단기적인 통합체의 양상을 나타냈기 때문에 통신산업의 일관성있는 모습을 그려내기가 거의 불가능할 정도였다. 그러나 다음과 같이 몇 가지 분명한 점이 있었다. 즉

1. 통신산업에 진출하는 회사의 수는 여전히 빠른 속도로 증가하고 있었다.
2. 제품과 서비스의 종류는 더욱 빠른 속도로 증가했다.
3. 경쟁적·비경쟁적 회사들간의 관계는 급속도로 복잡해져 갔다.
4. 이 회사들간의 기능적 구분이 더욱 모호해졌다.
5. 그리고 AT&T사의 우위가 도전을 받고 있었다.

단말기의 탈표준화

1950년에는 미국의 중요 통신기기 제조업체는 연간 매출액 8억 4,000만 달러 규모의 웨스턴 일렉트릭사 1개뿐이었다.[28]

1970년 초에 와서 시장규모가 폭발적으로 늘어났다. 웨스턴 일렉트릭사의 매출액이 48억 달러로 급증했지만 이 정도의 매출규모를 가지고는 전체 시장에서 큰 몫을 차지할 수 없었다.[29] 「월 스트리트 저널(Wall Street Journal)」지는 이렇게 보도했다. 『운전설비 분야의 경쟁 강화가 웨스턴 일렉트릭사에 큰 골치거리를 안겨주고 있다. 벨 시스팀의 생산전담 업체인 웨스턴 일렉트릭사는 앞으로는 과거와 같은 성장률에 접근할 수 없을 것이다.』[30]

단말기기 시장에서 이같은 격변이 일어나게 된 한 가지 원인은 단말기 시장을 전에는 볼 수 없었던 무수한 단편들로 세분화해 놓은 카터폰 결정에서 찾아볼 수 있다. 고객들이 갑자기 엄청나게 다양해진 단말기를 필요로 하게 되었다.

이같은 수요의 탈표준화에 따라 제조업체들이 늘어나 웨스턴 일렉트릭사가 감당할 수 없을 정도로 전문화된 설비들을 다투어 공급하게 되었다. 이같은 점은 AT&T사의 서해안지역 담당 고위 간부가 벨 시스팀에 속하지 않은 「전화 컨설턴트」의 수가 증가한 것은 「기업고객들의 복잡한 요구」 때문이었다고 설명한 데서도 확인된다.[31] 국제전신전화사(ITT/International Telephone & Telegraph Corp.)의 통신시설 및 시스팀 사업부 담당 사장은 『우리 회사의 유리한 점은 주문에 따라 통신시설을 제공하고 있다는 점이다』라고 지적했다.[32]

물론 ITT사는 시장에 뛰어든 수많은 신참회사들 중의 하나에 불과하다. 예컨대 「뉴욕타임즈(New York Times)」지는 일본의 NEC(Nippon Electric Corp.)와 같은 외국의 단말기기 제조업체는 말할 것도 없고 GTE사(General Telephone & Electronics Corp.)와 스트롬버그 칼슨(Stromberg-Carlson)사 등도 「사실상의 미개척 시장」으로 널리 간주되고 있는 새 시장에 뛰어들 태세를 갖추고 있다고 보도했다.[*33]

단말기기 시장이 기본적으로 동질적인 시장에서 극히 이질적인 시장으로, 그리고 폭넓게 사용되는 몇몇 기종에 대한 의존에서 소규모 집단이나 심지어 개인을 위해 설계한 수많은 기종에 대한 의존으로 전환한 시기는 바로 웨스턴 일렉트릭사가 한창 사업에 몰두하고 있을 때였다.

웨스턴 일렉트릭사는 이 기간중 스스로도 인식하지 못하는 가운데 대량생산 지향적 조직으로부터 초산업주의적인 1기종 1대 조립체제에 적합한 조직으로 스스로를 변혁시키는 일에 몰두하고 있었다. 그러나 웨스턴 일렉트릭사는 규모가 큰 데다가 벨 시스팀에서 무거운 책임—예컨대 신형 교환시스팀의 책임—을 지고 있었기 때문에 폭발적으로 증가하면서 급속히 분화하는 단말기기 시장에 부응하기가 어려웠다.

이러한 사태발전은 비록 웨스턴 일렉트릭사가 앞으로도 통신산업에서 계속 핵심적 역할을 담당할 것이 틀림없고 또 실제로 과거보다 수익성을 높일 가능성이 있다고 하더라도 앞으로 다시는 단말기기 시장에서 종전과 같은 세어를 차지할 수 없으리라는 것을 말해 준다.

이같은 새로운 실상—10년 전 같으면 벨사의 경영층이 인정하기를 완강히 거부했을—이 지금은 광범하게 받아들여지고 있다. 이같은 사실은 AT&T사의 어느 고위 간부의 다음과 같은 논평에도 나타나고 있다. 『우리가 지금 직면하고 있는 … 상황은 통신기기 시장의 전문화 요구가 급속히 증대하고 그 수요가 매우 방대하여 이같은 시장 전문화 요구가 가능하다면 전문화된 동신기재 업체늘에 의해 충속되어야 하지 않을까 하는 문제가 제기되고 있다.』[34]

「그러므로 단말기 시장의 경우 탈표준화의 외부적 압력은 벨사가 혼자서 감당할 수 없을 만큼 커져 있었다.」

전송시설의 탈표준화

AT&T사가 최초의 통신위성(COMSAT/communications satellite)인 텔스타(Telstar)를 발사한 1962년에 이 회사 내부의 많

＊동경에 있는 NEC의 이사회 회장 및 최고경영진과의 회견은 이 경쟁자가 장래에 중요한 요소가 될지도 모른다는 생각을 확인해 주었다.

은 사람들은 일반적으로 AT&T사가 과거 여러 해 동안 국제
통신용 해저 케이블과 고주파 라디오 분야를 장악했던 것처
럼 앞으로도 궁극적으로 위성통신 분야를 장악할 수 있을 것
이라고 생각했다. 이러한 생각은 통신위성회사(COMSAT사
/Communications Satellite Corp.)의 형성으로 여지없이 무너졌
다. 실제로 통신위성법은 국제적 서비스 분야는 물론이고 국
내 서비스 분야에서도 위성의 경쟁적 소유의 문호를 명시적으
로 열어 놓았다. [35]

그 후의 정치적 분위기는 벨 네트워크를 사실상 빼돌리게
될 온갖 위성시스팀 또는 하부 네트워크의 제안들로 가득차게
되었다. RCA(Radio Corporation of America), GTE사, 페어
차일드 힐러(Fairchild Hiller)사 등은 각기 FCC에 자체의 위성
발사 허가를 신청했다. COMSAT사 자신은 급속히 증대하는
데이타 전송시장을 겨냥한 국내용 위성시스팀을 제안했다.

마지막으로 MCI와 록히드사의 미사일 및 우주사업부는 매
우 홍미있는 제안을 내놓는 가운데 MCI-록히드 위성회사(M
CI-Lockheed Satellite Corp.)의 창설을 발표하면서 1975년까지
또 하나의 국내용 위성시스팀을 만든다는 계획을 제시했다.
이 계획은 록히드사에 대한 연방정부의 대규모 융자 보증에
따라 AT&T사에 대해 경쟁력을 가지면서도 간접적으로 연방
기금의 보조를 받는 위성시스팀을 실현하게 될 가능성이 있었
다. [36]

FCC는 1972년 6월 16일에 국내용 위성시장에 「복수 참여
(multiple entry)」 정책을 승인, AT&T사의 참여에 특정한 제
한을 가함으로써 벨사의 장거리전화 부문 시장에 새로운 잠재
적 경쟁요인을 추가적으로 조성했다. [37] FCC의 이같은 결정
과정의 귀추는 아직 두고 보아야 하겠지만 그 변화의 방향은
분명하다. 즉 어느 한 회사도 단독으로 하늘을 장악할 수 없
으며 또한 고객에게 다양한 서비스와 하부 네트워크를 제공하
게 되리라는 점이다.

지상에서도 전송시설의 다양화 또는 탈표준화를 추진하려는
이와 비슷한, 어쩌면 더욱 강력한 움직임이 일어나고 있다.
특히 가까운 장래에 반드시 급속한 확장을 보일 것이 틀림없
는 데이타 전송시장의 경우가 그러하다. 1970년에는 전체 데
이타 전송의 약 80%가 벨 시스팀을 통해 이루어져 이 회사

수익의 3%를 차지하고 있었다.[38] 1980년까지는 데이타 전송이 벨사 총수익의 50%를 차지하게 될 것으로 추정되었고 보다 신중한 추정치들도 10%까지를 내다보았다.[39]

그러나 AT&T사는 데이타 전송 고객들의 다양한 요구를 충족시키기 어렵다는 이유 때문에 공중 통신업자(common carrier)로서, 그리고 사설 통신시스팀의 운영업자로서 치열한 경쟁에 직면하게 되었다. 데이타 시장은 심지어 음성 대 음성 시장보다도 더욱 탈표준화된 수요에 의해 특징지어져 있다고 할 수 있기 때문에「폭넓은 주문 서비스」라든가「특별 서비스 회선(回線)」,「주문 전화 네트워크」등 다양한 서비스가 요청된다. 실제로 MCI에 대한 FCC의 결정은 『신참회사들이 기존 사업을 둘러싸고 경쟁을 벌이기보다는 주로 새로운 전문화 시장을 개발하게 될 것』이라는 데 근거를 둔 것이었다.[40]

이렇게 볼 때 AT&T사는 데이타 전송시장에서 경쟁력있는 몇몇 전국적인 마이크로웨이브 시스팀들과 경쟁을 벌이게 될 가능성이 매우 높아 보였다.「뉴욕타임즈」지는 MCI에 관한 FCC의 결정이 있은 후 처음 18개월 동안에 『30개 이상의 회사들이 각종 전문화된 용도를 위한 약 2,000개소의 마이크로웨이브 전화국—텍사스주의 대도시들을 연결하는 550만 달러 규모의 웨스트 텍사스 마이크로웨이브사(West Texas Microwave Co.)의 계획으로부터 데이타 트랜스미션사(Data Transmission Co.)의 3억 7,500만 달러 규모의 전국적인 교환 네트워크 건설신청에 이르기까지—을 건설하고자 허가를 신청했다』[41]고 전했다. 아이로니컬하게도 1970년에 이르러 MCI는 이미 미국 서부해안 시장에서 서던 퍼시픽 레일로드사(Southern Pacific Railroad Co.), 마이크로웨이브 서비스사(Microwave Service Co.) 및 시에라 마이크로웨이브사(Sierra Microwave Co.) 등 3개 업체로부터 경쟁을 받는 입장에 놓이게 되었다.[42]

이 계획들이 모두 승인되지는 않을 것이고 또 그 중 일부는 몇 가지 다른 이유로 결코 실현될 가망이 없기는 하지만 그래도 한 가지 기본적인 사실만은 분명하다. 즉 데이타 시장은 하늘에서만이 아니라 지상에서도 더욱 더 다양하고 탈표준화된 전송시설을 요구하고 있다.

바로 이러한 이유 때문에「라이벌 전송시스팀들의 등장을

단순히 매정하고 적대적인 FCC 때문에 생겨난 크림 찌꺼기 정도로 생각하는 것은 잘못이다.」MCI와 그밖의 여러 회사들이 지닌 강점은 AT&T사의 경쟁력 상실에 편승한 값싼 요율에만 있는 것이 아니고 벨사가 지금까지 여러가지 이유 때문에 공급할 수 없었거나 공급하기를 꺼려온 고도의 전문적 서비스를 제공할 능력을 갖추고 있다는 점이다. [43]

아이로니컬하게도 「〈보편적 서비스〉를 제공하기 위한 설비 건설에서 이룩한 베일 시대의 성공은 이제 수요가 고도의 전문화된 하부 시장으로 더욱 더 단편화된 통신시장 안에서 재조명해 보아야만 하게 되었다.」

AT&T사는 특정 부문에서의 FCC의 표준요율 고집 때문에 경쟁상 어려움을 겪고 있는 것과 마찬가지로 자기 자신의 표준화 전통 때문에도 이 새로운 경쟁에서 어려움을 겪고 있다. 그러므로 벨사는 설사 공정한 가격경쟁이 허용된다 하더라도 각종 제품과 서비스를 종전보다 훨씬 더 빠른 속도로 탈표준화하지 않는 한 여전히 큰 곤경에 직면하게 될 가능성이 있다고 보아야 할 것이다.

메시지 제작의 탈표준화

송·수신 수단만이 증가하거나 분화하고 있는 것이 아니라 메시지 제작(message origination) 분야에서도 이와 유사한 과정이 일어나고 있다. 유선 TV와 비디오 카셋 분야에서 이룩된 최근의 기술혁신은 오늘날의 대형 방송국이나 방송망에 커다란 충격을 미치게 될 기술부문의 일대 도약을 의미한다. 「제작회사」라고 할 수 있는 ABC(American Broadcasting Co.), NBC(National Broadcasting Co.), CBS(Columbia Broadcasting System) 등의 방송국들은 여러 해 전 벨 시스팀을 창설한 베일 세대의 사람들이 취했던 것과 동일한 가정 위에 설립된 회사들이다. 이 가정들은 생산의 중앙집권화를 크게 강조했었거니와 이 방송회사들도 지방 방송국들을 연결함으로써 생산을 보다 더 중앙집권화 — 그리고 「대중화」— 하는 데 성공했다. 이 방송회사들은 특정 프로그램의 시청자 규모를 확대함으로써 수많은 「제작물」의 생산비용을 줄일 수 있었다. 우리가 알고 있는 바와 마찬가지로 방송사업은 이처럼 채널의 희소성에 토대를 두는 동시에 단일의 중앙방송국에서 여러 방송국으로의 프로그램 전송에 토대를 두고 있었다. 수백만 시청자들이 모두 똑같은「조니 카슨(Johnny Carson) 쇼」나 월터 크론카이트(Walter Cronkite)가 진행하는 똑같은 뉴스를 보게 된다. 요컨대 시청자들은 표준화된 제품을 시청하고 있다.

「그러나 유선 TV와 비디오 카셋은 메시지 제작자의 수를 급증시켜 제품을 탈중앙집권화하고 나아가서는 탈표준화하는 결과를 가져오게 될 것이다.」이 시스팀을 통해 더욱 더 다양한 메시지가 전달될 것이며 소규모의 소비자 그룹이나 심지어 개개인조차도 그들의 특수한 요구·취향·관심사에 맞추어 제작된 프로그램을 서비스받게 될 것이다.* 실제로 지금은 한 개인이나 소집단이 테이프 레코더·비디오 레코더·유선 방송망 등을 활용함으로써 얼마든지 자기 자신의 프로그램을 제작할 수 있기 때문에 제작자와 소비자의 한계 자체가 모호해져 있는 형편이다.「대중매체」라든가「방송」이라는 용어마저도 수정이 필요하게 될 것이다.

이 모든 과정은 초산업사회(super-industrial society)의 통신산업이 모습을 갖춰감에 따라 나타나고 있는 통신시장의 일반적인 탈표준화 현상과 직접적인 유사성을 지니고 있다.

한편 유선 TV의 가속적 성장은 인공위성이나 마이크로웨이브 시스팀의 확산과 마찬가지로 AT&T사의 경쟁관계를—특히 급속히 팽창하는 광대역(廣帶域, broadband) 시장에서— 더 한층 다양화하게 될 가능성이 있다. 어떤 유선 TV회사 사장은「커뮤니케이션스 뉴스(Communications News)」지 1970년 12월 호에서 이 도전을 다음과 같이 간결하게 설명했다.『더 이상 유선 TV를 묵살한다는 것은 쉬운 일도 현명한 일도 아

---

* 이러한 상황을「월 스트리트 저널」지는 다음과 같이 지적하고 있다.『유선 TV는 샌드위치 광고판의 발명 이래로 가장 우수한 광고수단이 될 것이다. 이 시스팀이 보다 더 발전하게 되면 소규모의 특정 시청자들을 상대로—예컨대 특정한 조제식품점의 주변에 사는 모든 가입자나 고소득층 거주지역, 또는 빈민가의 개별 가입자들을 상대로—광고물을 방영할 수 있게 될 것이다. 정규 TV 방송이나 대중잡지·신문 등의 경우와는 달리 광고주들이 광고 메시지를 특정한 그룹에게만 내보내고 싶은 때에는 전체 시청자를 상대로 한 메시지 전달 비용을 부담하지 않아도 될 것이다. 여러가지 다른 메시지를 동시에 여러 그룹에 보낼 수 있다.[44]

니라고 생각한다. …우리는 이제 우리 회사를 단순한 유선 TV 회사로만 보지 않고 일종의 새로운 업종인 광대역 통신회사의 하나로 보고 있다. 사실 우리는 유선 TV가 광대역 혁명의— 또는 진화과정의—첨단에 서있다고 생각한다. 우리는 이것이 단순히 시작에 불과한 것이며…내일은 통신위성과 국내 분배용 마이크로웨이브를 사용하고…모레는 다시 그 누구도 예상할 수 없는 더욱 새로운 형태로 발전하게 될 어느 시스팀의 연결고리에 불과한 것이라고 생각한다. 이렇게 볼 때 우리는 지금 단순히 전국적인 유선망만이 아니라 이보다 훨씬 더 융통성있고 정교한 전국적인 광대역망에 관해 이야기하고 있다.』[45]

향후 10년 동안 유선 TV 시스팀이 매우 정교해지리라는 것은 텔리 프롬프터사(Tele Prompter Corp.)가 휴스 항공사 (Hughes Aircraft Corp.)와 합작으로 마이크로웨이브 시스팀 건설의향을 발표했다는 데서도 엿볼 수 있다. 또한 현재 29개 주 100개 시스팀을 포괄하고 있는 유선 전송망의 일부로 활용될 국내 위성시스팀 건설신청이 제출되어 있다는 데서도 엿볼 수 있다.[46]

CBS연구소 소장을 역임한 골드마크(Peter C. Goldmark)에 의하면 이처럼 유선 TV와 인공위성을 연결하면 오락프로를 더욱 다양화할 수 있을 뿐 아니라 보건·범죄·교육·복지 등의 기능을 갖는 연방·주·지방의 관계당국에 독자적인 전국적 또는 지방적 채널을 제공해 줄 수 있다.[47]

유선 TV가 실제로 쌍방향 전환능력을 개발할 수 있을지, 또 유선 TV 광대역 서비스가 데이타 전송분야만이 아니고 쇼핑·금융·오락과 그밖의 가정용 서비스 분야에 관해서도 AT&T사의 광대역 및 TV전화(picturephone) 시장을 어느 정도 잠식할 수 있을지에 대해서는 아직 평가하기에 이르다. 그러나 광대역 통신시장의 추세가 다른 통신분야 전반에 나타나고 있는 경쟁패턴의 다양화와 궤도를 같이하리라고 믿을 만한 충분한 이유가 있다.

이처럼 겉보기에 서로 무관한 것처럼 보이는 탈표준화 과정들의 연관성을 파악하지 못했다는 것이 AT&T사가 안고 있는 여러가지 장기적 난관들의 핵심적 원인이다. 다양성을 향한 이와 같은 전면적인 압력은 외견상 처음 드러났던 것보다 훨

씬 크고 보다 중요하다. 「지금까지 설명한 단편화 현상—AT
&T사의 제품 및 서비스, 내부적 조직과 절차, 그리고 통신산
업시장 전반에서 나타나고 있는—을 올바로 이해하려면 이러
한 현상을 보다 큰 혁명적 과정의 한 가지 특수한 실례로서
인식해야만 할 것이다.」

사회적 관계의 탈표준화

AT&T사는 일정한 사회적 관계 속에서 운영되고 있다. 어
항 속의 물고기나 우주선 캡슐 속의 우주비행사와 마찬가지로
이 회사도 주변환경에 전적으로 의존하고 있다. 그러나
AT&T사 간부들이 면밀하게 연구하고 있는 통신산업시장은
사회적 환경의 가시적인 한 단면에 불과하다. 궁극적으로「A
T&T사에 어떠한 사태가 발생하느냐 하는 것은 보다 넓은 사
회의 변화에 따라 크게 좌우된다.」

그러므로 통신산업 밖으로 눈을 돌려 다른 산업들의 추세를
살펴보면 우리는 여기서도 다시 한번 여러가지 유사한 현상들
을 발견하게 된다. 오늘날에는 거의 모든 회사가 제품의 형태
나 모델·상표·크기 등 그밖의 여러가지 변형을 늘려가고 있
다. 패션산업이 그 가장 뚜렷한 실례이다. 요즘은 한 가지의
표준적「룩(look)」대신에 선택할 수 있는 의복의 종류가 엄청
나게 많다. 상대적으로 보수적인 영국에서조차도 전에는 흰색
와이셔츠가 남성용 셔츠 생산의 주종을 이루고 있었으나 지금
은 온갖 색상의 번지르르한 셔츠가 전체 생산의 70%를 차지
하고 있다. 「표준적」인 흰색 셔츠가 지금은 전체 생산의 30%
만을 차지하고 있을 뿐이다.[48]

얼핏보기에 유행이 별로 중요시되지 않을 듯한 내의 분야에
서조차도 큰 변화가 일어나고 있다. 연쇄점을 경영했던 어떤
사람은 이렇게 말하고 있다. 『전에는 재단이나 레이스 장식이
약간씩 다른 여성용 슬립을 3달러 99센트에 팔아 큰 매상을
올렸었지만 지금은 크기·색상·스타일면에서 폭넓게 선택할
수 있도록 온갖 구색을 맞추어 고객들에게 내놓고 있다. 그
이유는 사람들이 특정한 품목을 구입하려 하지 않고 선택, 다
시 말해서 다양성을 요구하고 있기 때문이다.』[49]

포장상품·휘발유·인스턴트 식품·담배·가전제품 등의 분야에서도 그 밑바탕에는 이와 동일한 과정—소비자의 점증하는 다양성 요구에 따른 제품의 탈표준화—이 진행되고 있다.

자동차산업에서 표준화 정책의 창시자였던 포드사(Ford Motor Co.)가 지금은 이 회사의 제품인 무스탕(Mustang) 승용차를 다음과 같이 선전하고 있다. 『무스탕은 3가지의 차체 스타일, 6가지의 엔진과 55가지의 다양한 옵션으로 운전자의 신분에 손색이 없는 독특한 외관을 보장합니다.』[50]

그러나 옵션 종류의 증가만으로는 만족스럽지 않다는 듯이 오늘날에는 더욱 더 많은 소비자들—특히 젊은층—이 더욱 더 여러가지 사항을 주문하거나 구입한 제품을 「개조」하고 있다. 여러가지 소비자 추세를 선도하는 캘리포니아주에서는 자동차의 외양에 급격한 변화가 나타나고 있다. 최근의 어떤 보도는 캘리포니아의 「재래식」 교통수단의 모습을 다음과 같이 묘사하고 있다. 『꼬리 부분을 위로 치켜 올리고 앞 부분을 길게 연장한 험악한 모습의 크롬 도금을 한 「개조」 자전거들 … 수십가지 모양과 살구빛·진주빛·감청색·붉은 오렌지색·포도빛 등 수백가지 색을 칠한 땅딸막한 모래밭 주행용 소형 승용차들과 「스트리트 로드(street rod)」, 가속 경주용 자동차들 … 사이키풍의 색을 칠한 온갖 모양의 유개 트럭, 평범한 폴크스바겐·포드·시보레 트럭들과 심지어 우유배달 트럭이나 우편 트럭을 개조한 트럭들 … 그리고 정확하게 복원된 골동품 승용차들의 행렬 … 등등.』[51]

여기서 우리가 볼 수 있는 것은 개별화를 향한 강력한 욕구이다. 어떤 작가는 이같은 욕구의 밑바탕에 깔린 소비자들의 생각을 다음과 같은 말로 표현하고 있다. 『나는 이 분야에서 다른 2만 명의 사람들과 결코 같을 수 없다. 나는 그들보다 잘난 사람이다.』[52] 일신상의 기술제품을 개인의 희망에 맞추고자 하는 이같은 시도는 블루진을 사서 홀치기 염색을 하거나 헝겊을 덧붙여 입는 젊은이들의 충동과 그 근원을 같이하는 것이다. 또 이와 비슷한 현상으로 골동품 전화나 특수하게 생긴 전화를 선호하는 경향을 들 수 있다. 이같은 경향은 기업인들이 더욱 더 특수한 사설전화나 특제의 PBX를 선호하는 현상과도 맥을 같이한다.

일반 소비시장 이외의 분야에서도 이와 비슷한 탈표준화 요구가 증대하고 있다.

교육분야에서는 「교육의 개별화」를 향한 강력한 추세가 나타나고 있다. 교육제도의 획일성, 그리고 학교가 제공하는 서비스의 획일성을 깨뜨리기 위한 한 가지 방법으로「바우처 플랜」(〔역주〕 voucher plan. 미국의 취학보증금 증서계획. 즉 공적기관이 사립학교에 수업료 지불 보증 증명서를 발행해 줌으로써 취학 회망자가 공·사립학교 중 한쪽을 마음대로 선택할 수 있도록 하려는 계획)의 도입문제가 진지하게 검토되고 있다. 또한 「자유대학(free university)」이나 「개방 학교(open school)」의 설립이라든가 흑인·멕시코계 미국인·푸에르토리코인들이 벌이고 있는 현지 교육제도의 「지역사회 관리」를 위한 투쟁도 탈표준화 추세를 보여주는 사례들이다.

대중매체 분야에서는 이른바 「대형잡지(mega-magazine)」 ― 대다수의 독자들에게 표준화된 메시지를 전달하는 잡지 ― 들의 쇠퇴 현상을 목격할 수 있다. 「룩(Look)」지와 「새터데이 이브닝 포스트(Saturday Evening Post)」지가 사라지고 「라이프(Life)」지가 간신히 명맥을 유지하고 있는 가운데 수백가지의 새로운 잡지들 ― 서퍼(surfer)·민간 조종사·틴에이저·스피드광·정년 퇴직자·무공해 영농 농가 등 소규모의 전문화된 독자층을 상대로 한 「소형잡지(mini-magazine)」들이 쏟아져 나오고 있다. 또한 전국적으로 온갖 지하신문(underground press)들이 나타나고 있다. 이러한 지하신문들은 또 나름대로 전문분야별로 단편화되어 흑인·유태인·「비디오광」 등의 여러가지 소집단을 상대로 보다 전문화된 메시지를 전달하고 있다.

한때 비교적 안정되고 동질적이었던 경제시장들이 보다 다양하고 일시적인 소규모 시장으로 분해되고 있는 것은 우리 사회에 나타나고 있는 정서적·윤리적·종교적·직업적·지역적·연령적인 여러가지 분열현상을 그대로 반영하는 것이며 또한 이를 더욱 심화시켜 주고 있다.

「우리는 지금 하나의 〈멜팅 포트〉(〔역주〕 melting pot. 잡다한 인종이 뒤섞여 사는 곳. 미국을 가리킨다)라는 미국적 관념으로부터 급속도로 멀어져 가고 있는 것 같다.」 즉 모든 이질적인 요소와 차이는 하나의 동질적인 「미국식 생활방식」 속에 용해되어야 한다는 생각으로부터 멀어지고 그대신 과거 어느 때보다도 훨씬 더 방대한 사회적·문화적 다양성에 기초한 체제를 향해 나아가고 있다.

우리 사회의 단편화 현상은 더욱 더 세분화되고 있는 분업의 정도에 의해 그 기초적인 형태를 측정해 볼 수 있다. 미국 정부가 출판한 최신 「직종분류 사전(Dictionary of Occupational Titles)」에는 무려 2만 7,741종의 직종이 수록되어 있다.[53]

측정하기는 어렵지만 이에 못지 않게 중요한 현상으로서 우리는 급속도로 대두하고 있는 히피족, 오토바이족, 아프리카 지향적 흑인집단, 서퍼집단 등 온갖 새로운 소문화(sub-culture) 집단들을 발견하게 된다. 이들은 전에 이 사회의 표준적 윤리였던 「프로티스턴트 윤리」와 충돌할 뿐 아니라 자기들끼리도 서로 충돌하는 여러가지 가치관을 추구하고 있다. 또한 우리는 여성해방 운동이나 동성애자 운동이 서슴없이 흑인의 정치운동 패턴을 채택하거나 변형시키는 등의 복잡하고 새로운 집단 상호간의 영향들을 목격하게 된다.

이와 같이 미국 주민은 과거 75년 동안의 여러가지 예측처럼 더욱 더 획일화되고 있는 것이 아니라 오히려 더욱 더 다양하고 잡다하고 복잡해지고 있다. 그리고 개개인들은 더욱 더 자기 자신의 차별화를 모색함으로써 주변 소문화들과의 충돌점을 해소시키기는커녕 오히려 더욱 두드러지게 부각시키고 있다. 「우리가 안고 있는 여러가지 〈법과 질서〉의 문제들은 바로 기존의 헌법 및 법률체계가 이 새로운 고도의 다양성에 대응할 능력을 상실한 데서 비롯된다.」 이처럼 강력한 원심력 하에서는 「법」만이 아니라 그 밑바탕에 깔린 보다 중요한 「질서」까지도 붕괴된다.

이렇게 보면 「세입분배」라든가 「지방자치」를 통해 정부를 「탈중앙집권화」하라는 압력이 증대하고 있는 이유도 설명된다. 뉴욕의 린지(John Lindsay) 시장은 이같은 복잡성에 대응하기 위한 한 가지 방안으로 정부기관의 탈중앙집권화와 함께 62개의 지역사회 계획위원회의 설치를 요구하는 제안을 내놓았다. WMCA 라디오의 스트라우스(Peter Straus) 등 여러 사람들은 뉴욕시를 뉴욕주에서 분리시켜야 한다고 진지하게 제안하고 있다. 단편화 과정이 더욱 진전되면 얼마 안가서 구(borough) 또는 구의 일부 지역을 뉴욕시에서 분리시키자는 제안도 나오게 될 것이다.

이처럼 소비자 시장·교육·대중매체·정치 등 여러 분야에서 동일한 형태의 강력한 압력이 나타나고 있다. 여러 산업과 활동영역에서 동시에 작용하고 있는 이같은 탈표준화 압력은 초산업주의 혁명의 중요한 한 부분을 이루고 있다. 이러한 압력이 벨 시스팀에 어떠한 영향을 미칠 것인지를 이해하려면 우선 그 압력의 근원을 추적해 보아야 할 것이다. 요컨대 소비자 시장이, 또 보다 일반적으로 말해 사회체제가 보다 폭넓은 다양성을 향해 나아가고 있는 이유는 무엇인가?

탈표준화의 근원

최근 여러 해 동안 몇 가지 요인들이 탈표준화 경향을 촉진했다. 그 중 가장 뚜렷한 요인은 미국의 생활수준 향상이었다. 미국의 남자 평균소득은 1950년에 2,831달러였다. 이것이 1969년에는 7,659달러로 증가했다.[54]

이렇게 해서 1950~70년 기간중 미국에서는 기본적인 욕구 이외의 온갖 서비스와 사치품, 그리고 상대적으로 개별화된 여러가지 욕구를 충족시켜 줄만큼 금전적 여유를 갖는 가정의 수가 크게 늘어나게 되었다.

「주민의 생활수준이 생계수준에 미달하거나 간신히 상회하는 경우에는 욕구의 패턴이 비교적 획일적이다.」의식주, 기초적 의료품, 출퇴근 수송수단, 간단한 통신 기재 등이 보편적인 관심사가 되며 그렇기 때문에 기업은 이런 것들을 표준화된 기초 위에서 장기적 생산기간과 고전적 규모의 경제가 갖는 잇점을 충분히 누리면서 생산할 수 있다.

그러나 풍요의 정도가 높아지면 여러가지 욕구의 범위가 확대된다. 개별 소비자가 거액의 가처분 현금이나 신용을 갖게 되면 자신의 특이한 취향에 맞는 재화나 서비스를 고집하기 시작한다. 시장은 세분화되고 엄청나게 광범위한 서비스와 제품 — 휴가 클럽, 호화 승용차, 온갖 종류의 화장품류, 소규모 발행부수의 잡지, 패션, 특별행사용 의류, 별미 요리, 정신병 치료와 전문적 서핑 보드 등 — 들이 쏟아져 나와 말하자면 가처분 소득의 물결을 타게 된다.

이같은 급격한 변화는 「소수의 기초적인 〈필수적〉 욕구를 충족시키도록 짜여진 경제로부터 끝없이 다양한 〈정신적〉 욕구도 함께 충족시키는 데 관심을 갖는 경제로의 이행」을 반영한다.

교육도 또한 욕구의 탈표준화에 기여했다. 교육수준의 향상 때문에 소비자들은 다른 시대, 다른 지역 사람들의 생활방식에 관해 훨씬 폭넓은 지식을 갖게 되었다. 요컨대 소비자들은 다양한 행동 모델을 갖게 되었고 또한 고도의 풍요한 문화가 제시해 주는 보다 큰 가능성들을 의식하게 되었다. 소비자의 상상력은 여행에 의해 더 한층 풍부해졌으며 지난 20년 동안 수백만의 미국인들이 여행을 통해 외국의 스타일·패션·가치관·물품들을 직접 접하게 되었다. 또 여행을 할 수 없는 사람들에게는 매스컴이 여러가지 다른 소비패턴과 생활양식에 관한 대상적(代償的) 이미지를 제공해 주었다.

그러므로 교육·여행 및 매스컴의 복합적 영향은 소비자 욕구의 범위와 종류를 확대할 수밖에 없었다. 이러한 추세는 인구증가에 의해 더욱 강화되었다. 1950년에서 1970년 사이에 미국 인구는 약 5,000만 명이 증가했는데 이것은 오늘날의 영국 또는 프랑스의 총인구에 필적하는 규모이다. [55] 그것은 마치 어떤 낯선 나라의 국민 전체를 미국내에 이주·정착시킨 것이나 다름없다. 이같은 비유가 터무니없는 것이 아니라는 점을 이해하려면 이 5,000만 명의 새로운 미국인들은 커뮤니케이션이 밀집된 환경 속에서 자라난 최초의 세대, 급격한 변화에 의해 단련된 세대라는 점에서 그들의 부모들과는 크게 다르다는 것을 상기하기만 하면 된다. 이렇게 해서 이 전후세대 — 국민 속의 국민 — 는 전에는 존재하지 않았던 훨씬 더 다양한 재화와 서비스 — 이른바 청소년 시장에 맞도록 만든 — 에 대한 수요를 일으켰다.

그러나 이러한 모든 요인들도 기술 그 자체의 성격에서 일어난 혁명적 전환에 비하면 대수로운 것이 아니었다고 할 수 있다.

산업주의시대 전체를 통해 기술은 비단 제품만이 아니라 작업과 작업을 수행하는 사람들에 대해서까지도 「강력한 표준화 압력」을 가했다. 「지금은 정반대의 영향을 미치는 새로운 기술이 등장하고 있다. 간단히 말하면 산업주의적 기계는 표준화하는 데 반해 초산업주의적 기계는 탈표준화한다.」

이 새로운 사회적 「법칙」을 가장 잘 설명해 주는 것은 최근 의류산업계에서 특허를 얻은 컴퓨터 방식의 레이저 재단기(laser gun)이다. 미국 최대의 의류제조 및 소매업체인 제네스코사(Genesco Inc.)를 위해 휴스 항공사가 개발한 이 장치는 초산업주의 기술의 대표적인 실례로서 앞으로 곧 대체될 산업주의 기술과 큰 대조를 보이고 있다.

산업혁명 이전에는 예컨대 남성용 셔츠는 비표준화(nonstandardization) 기초 위에서 수공업적 생산공정에 따라 한 번에 한 벌씩 만들어졌다. 똑같은 것은 한 벌도 없었다. 개개의 셔츠는 어떤 특정한 개인에게만 맞도록 만들어졌다.

산업화 과정에서 대량생산 방식이 도입되었으며 산업주의시대의 전형적인 봉제공장에서는 노동자가 천을 여러 겹 쌓아놓고 맨 위에 놓인 천에 본을 그린 다음 동력칼로 잘라 여러 장의 천을 떠냈다. 산업주의시대의 경제원리에 충실한 기업인들은 노동자들에게 한 번에 똑같은 천을 더 많이 잘라낼 수 있는 보다 강력한 칼을 제공해 줌으로써 원가를 절감하려고 노력했다.

초산업주의시대의 새로운 기술―컴퓨터 방식의 레이저 재단기―은 한 번에 여러 장의 천을 잘라내지는 않는다. 오히려 이 장치는 한 번에 한 장씩 잘라내면서도 동력칼보다 더 빨리 절단하고 원가도 더 적게 든다. 이처럼 초산업주의적 장치는 일괄절단이라는 공정을 아예 배제해 버린다. 제네스코사의 자먼(Franklin M. Jarman) 회장은 이 기계를 사용하면 실제로『옷을 한 벌씩 주문받더라도 채산이 맞도록 프로그래밍 할 수 있다』고 한다. 이러한 기술혁신은 종국에는 현재와 같은 표준화된 의류 스타일 체제를 무너뜨려 초기술적 차원(super-technology level)에서 전면적인 탈표준화―주문생산 로의 복귀를 가능케 해줄 것이다.[56]

그밖의 다른 산업들에서도 이와 유사한 사태발전이 일어나 제품변형의 기술적 비용을 줄여주고 있기 때문에 종국에 가서는 다량생산보다 더 싼 값으로 1종류 1품목 생산이 가능해질 것으로 보인다.

「수공업에서 대량생산, 그리고 다시 보다 새롭고 고도화된 형태의 수공업으로 이어지는 이같은 단계적 발전이야말로 초산업주의 경제를 이해하는 관건의 하나이다.」

그러므로 우리는 지금 상호 관련된 두 가지 요인의 등장을 목격하고 있다. 그 첫째는 소비자 요구의 급속한 탈표준화이며, 둘째는 궁극적인 탈표준화를 가능케 해주는 새로운 기술,

즉 주문생산 기술이다. 더구나 탈표준화 경향에 압력을 가하고 있는 요인들을 살펴보면 인구증가 요인만을 제외하고는 모두가 가까운 장래에 탈표준화를 더욱 심화시킬 요인들임을 알 수 있다. 요컨대 이러한 기술적·사회적 추세들은 기업을 둘러싼 새로운 사회적 관계의 등장을 시사하는 것이며 또한 기업이 일련의 새로운 가정들을 필요로 하게 될 것임을 시사해 주고 있다.

「과거에는 가장 효과적인 표준화 방법을 아는 회사가 다른 경쟁사들을 물리칠 수 있었다. 미래에는 효과적인 탈표준화 방법을 아는 회사가 승자가 될 것이다.」 베일과 그의 동료들이 전에, 그러나 지금과 전연 다른 시기에 했던 것처럼 우리는 또 한 번 변화의 파도를 타야 할 것이다.

새로움 비율의 증대

5. 기술의 관리

해설

미국의 기업계가 당면한 문제 중에서 기술혁신 문제만큼 중요하면서도 인식이 부족한 것은 없다. 심지어 거액의 연구개발(R&D/research and development)비를 투입하고 있는 회사들조차도 이 정책이 조직체내의 비연구 부문에 미치는 영향에 대해서는 별로 아는 것이 없다.

만일 R&D의 결과로 신제품이 유통되었다면 그것이 회사의 내부 살림에 어떠한 영향을 미칠 것인가? 또 기술혁신은 제품라인의 다양화와 조직구조에 어떠한 관계를 갖는가?

그러나 기술혁신이라는 것은 단지 제품에 관한 문제만은 아니며 심지어 기술에 국한된 문제만도 아니다. 그것은 동시에 사람에 관한 문제이며 또한 모든 회사는 그 규모에 관계없이 「새로움(novelty)」이라는 문제에 직면할 수밖에 없게 된다. 이 장에서는 필자가 지금도 혁신적 경영의 핵심을 이룬다고 생각하고 있는 개념, 즉 새로움 비율(novelty ratio)을 소개했다.

기업체의 수명주기(life cycle)에는 고도의 새로움에 대응해야 할 때도 있고 새로움의 정도가 낮을 때도 있다. 여기서 기업체가 필요로 하는 리더십의 형태에 관한 문제가 제기된다. 새로움 비율이 낮은 회사는 점진적 경영층을 필요로 하고 새로움 비율이 높은 회사는 급진적 경영층을 요구하게 될 것이다. 또는 같은 회사라도 수명주기의 단계에 따라 상이한 스타일의 경영층을 필요로 하는 경우도 있을 것이다.

이 새로움의 문제는 또한 생산할 것이냐 구입할 것이냐를 결정하는 문제와 수직적 통합문제에도 영향을 미친다. 새로움의 비율은 수직적 통합이 이루어진 회사가 그렇지 않은 회사에 비해 급속한 변화의 시기에 기동력과 적응력이 떨어지는 이유가 무엇인지를 설명하는 데도 도움을 준다.

마지막으로 필자는 수많은 회사들이—비단 AT&T사만이 아니고—내부적 환경만이 아니고 외부적 환경에서도 새로움 비율의 상승에 직면하고 있음을 논증했다. 이 글을 쓸 무렵 경영자들에게 큰 관심을 끌었던 외부적 환경의 한 가지 예로 소비자운동을 들 수 있다. 소비자운동은 1972년 이래 그 새로움과 호소력을 다소 상실했고 또 필자가 언급한 몇 가지 구체적 사례가 지금은 맞지 않는 것처럼 보이기는 하지만 그래도 필자는 환경내의 불확실성이 증대하고 있다는 일반적 논거가 변함없이 타당하다고 생각한다. 여기서 우리는 경영의 핵심적 기능인 의사결정 문제에 도달하게 된다.

그동안 벨 시스팀이 보여주었던 여러가지 강점들 중의 하나는 효율적인 관료체제를 이룩할 수 있는 능력, 즉 「규칙」에 따라 결정을 내릴 수 있는 능력에 있었다. 그러나 익숙하고 안정된 환경에서는 규칙에 의존하는 것이 전적으로 적합할 수도 있겠지만 새롭고 급변하는 환경에서는 문제들 자체가 새롭고 급변하기 때문에 파국을 몰고 올 가능성이 크다.

이같이 새롭고 급변하는 문제들은 직선적 문제에 일직선적 해결책으로 임하는 데 익숙해진 직선적 경영자들을 당황케 만드는 경우가 많다. 기업체 내외를 불문하고 고도의 새로움 비율이 전통적 관료체제에서 배척당하는 그러한 종류의 경영기량을 요구하게 되는 이유는 바로 여기에 있다.

보고서

AT&T사는 미국에서 가장 혁신 지향적인 회사의 하나이다. 과학과 기술에 대한 이 회사의 기여는 우리 시대의 여러 가지 핵심적 업적들 중에서도 손꼽히는 것들이다. 벨 시스팀에 대한 웨스턴 일렉트릭사 매출액의 백분율을 가지고 측정해 보면 AT&T사의 R&D 비용은 평균적인 미국 제조업체의 3배나 되며 다른 통신 및 전자부품 회사들의 대략 2배 수준에 달한다.[57] 1960년대에 와서 벨사는 이미 구제품의 반복생산을 탈피하여 신제품 및 서비스의 도입에 더욱 더 몰두하게 되었다.

이같은 중대한 전환에도 불구하고 벨 시스팀의 숨겨진 기술혁신 비용에 관해서는 별로 알려진 것이 없다. 이 비용을 정확하게 분석하려면 경영층이 「새로움 비율」이라는 개념을 파악해야만 한다.

새로움 비율은 한 시스팀내의 「새로운 것(newness)」을 나타낸다. 그것은 낡은 것에 대한 새 것의 비율이다. 예컨대 어떤 회사가 한 가지 새로운 제품과 아홉 가지 낡은 제품을 판매하고 있다면 이 경우 새로움 비율은 1 : 9라고 말할 수 있다. 여기서 「새로운」 것이란 어떤 특정한 기간—예컨대 5년—이내에 도입한 것을 의미한다고 정의할 수 있을 것이다. 이 경우 1 : 9라는 비율은 과거 5년 동안에 새로운 제품이 단 한 가지만 추가되었음을 의미한다.

후술하는 바와 같이 이 개념은 비단 제품에만 적용되는 것이 아니고 기술과 공장, 그리고 심지어 그 회사가 사용하고 있는 일상업무나 절차들에도 적용된다. 예를 들면 신규 전화 가입자와 계약을 체결할 때는 일정한 수의 정해진 절차가 있다. 선택 가능한 서비스의 수가 늘어나게 되면 기업측 대표가 선택해야 할 일상적 업무절차의 수도 늘어난다. 그 중 일부는 여러 해 전부터 규칙으로 정해진 것이며 또 최근에 마련된 업무절차들도 있다. 그렇기 때문에 우리는 기술과 제품에 관해서만이 아니라 행정적 절차에 관해서도 새로움 비율을 논할 수 있다.

「모든 회사의 수명주기에는 새로운 것의 수준이 —즉 여러 가지 새로움 비율이 —매우 높은 기간이 있다.」

예컨대 베일의 시대에는 벨사의 사업은 거의 모두가 최초로 시도된 것이었다. 전화기 제조기술도 새로운 것이었고 조직적 연결과 디자인도 새로 창안된 것이다. 회사와 정부간의 관계가 정립되는 중에 있었으며 일상적 작업과정도 새로 개발된 것이었다. 그러나 최초의 몇십년이 지나가자 벨사의 경영자들이 다루어야 할 새로운 요소는 줄어 들었다. 정해진 패턴 또는 일상적 절차가 확립되었기 때문에 벨사의 사람들은 이러한 일상적 절차를 준수하기만 하면 대부분의 문제를 해결할 수 있었다.

최근에는 AT&T사의 새로움 비율이 급격하게 높아지고 있다. 지금 AT&T사는 수명주기의 새로운 단계에 접어들고 있다. 이 단계에서는 새로움의 비율이 계속 높아질 뿐 아니라 그 상승 속도도 더욱 빨라진다. 이것은 회사가 다루어야 할 외부적 세계와 내부적 의사결정 풍토의 양자에 큰 변화가 일어나게 됨을 의미한다. 그것은 기업의 일상적 절차가 갖는 의미를 변화시키게 될 것이다.

두 가지의 혁신

오늘날 벨사가 R&D에 이례적으로 많은 자금을 배정하고 있다는 사실을 단순히 지적인 호기심이나 어떤 혁신을 추구하려는 「내적인 충동」이라고 보아서는 안된다. 그것은 저항할 수 없는 여러가지 경제적 고려 때문에 불가피해진 것이라고 보아야 하는데 이런 고려들은 각기 나름대로의 혁신을 생성시키게 된다.

앞서 설명한 탈표준화 움직임은 회사로 하여금 이른바 「추가적 혁신(additive innovation)」을 추구하도록 강요한다. AT&T사는 급속도로 단편화하는 시장의 수요에 부응하기 위해 그 취급 제품에 여러가지 새로운 모델·크기·스타일 및 서비스를 추가하지 않으면 안되었다. 이것은 그렇지 않아도 방대한 일상적 업무절차에 수천가지의 새로운 절차를 추가하는 결과를 가져왔다. 제품의 경우이건 절차의 경우이건 이 두 가지 추가는 모두 증가적(augmentative)이었다. 낡은 것에 새로운 것이 추가된다.

또한 통신부문과 경제 전반에 걸친 기술변화의 가속화는 AT&T사에 더욱 더 「대체적 혁신(substitutive innovation)」을 추구하도록 강요했다. 이것은 낡은 것을 대체하거나 또는 제거하게 될 새로운 제품·기술·공정·절차의 창조를 의미한다.

이렇게 해서 두 가지의 매우 강력한 압력—차별화 및 기술적 변화—이 한 곳에 수렴되어 비교적 짧은 기간 동안에 벨 시스팀의 새로움 비율을 상승시켰다. 최고경영자에서 전화 가설공과 교환원에 이르기까지 벨사의 모든 사람들이 다뤄야 할 새로운 것의 수준이 대폭 높아졌다.

제품라인의 새로움 비율

몇몇 낡은 제품 및 서비스의 제거와 수천가지 새로운 것들의 추가에 따라 1960년대 중반경 벨사의 매상액 중 43%는 최근 5년 동안에 도입한 제품이 차지하게 되었다. (미국의 전체 산업 평균치는 20%였다.) 더구나 오늘날에는 웨스턴 일렉트릭사의 제품의 65%가 도입한 지 10년 미만인 것으로 추정되고 있다.[58] 바꿔 말하면 웨스턴 일렉트릭사의 제품 세 가지 중 한 가지만이 「옛 소장품」이라는 것이다. 더구나 이 오래된 제품들 중에서도 10년 동안에 전혀 변하지 않은 것은 소수에 불과하다. 요컨대 제품라인을 「정착」시킬 안정되고도 고정된 제품은 극소수이다.

최근에는 센트렉스(Centrex), 해외 직접호출, 데이타폰, 콜 디렉터, TV전화 등 온갖 새로운 것들이 도입되었다. 특히 터치톤 전화기는 「컴퓨터 서비스 이용과 개인용 자료 전송 등 전혀 새로운 서비스」의 길을 열어 주었기 때문에 기업체의 문서처리에서 큰 환영을 받고 있다. 그밖에도 카드 다이얼러(card-dialer), 신형 PBX 시스팀, 트림라인(Trimline) 수화기 등 문자 그대로 수천가지의 새로운 제품들이 일반 소비자들에게 선을 보였다.

「정착(anchor)」 제품의 상대적 부재 속에서 이같은 신제품

과 서비스의 확산은 벨사 사람들의 의사결정을 복잡하게 만드
는 한편『우리가 실제로 무슨 사업을 하고 있는가』에 관한 불
안감을 조성하고 그들에게 계속 새로운 절차를 배우도록 강요
하거나 힘들여 배운 낡은 기술들을 평가절하하여 폐기하도록
강요하고 또한 새로운 종류의 종업원과 새로운 조직 스타일을
사용하도록 요구하고 있다. 그러나 이러한 사태가 갖는 함축
성을 분석하려면 먼저 이같은 새로운 요소가 제품라인에 도입
됨으로써 기술에 어떠한 영향을 미쳤는가를 살펴볼 필요가 있
다.

기술분야의 새로움 비율

새로운 제품을 생산하려면 새로운 기계와 새로운 공정이 필
요하다. 제품라인의 새로움 비율을 높이려면 일반적으로 기술
의 새로움 비율도 함께 높여야 한다.
이것이 얼핏 당연한 말처럼 들리겠지만 사실상 이 말은 다
른 대부분의 회사에는 적용되지 않고 벨 시스팀에만 적용되는
몇 가지 함축을 지니고 있다. 첫째, 대부분의 다른 회사들은
새로운 제품을 도입함에 있어서 기술혁신의 대부분을 외부의
공급업체들에게 의존할 수 있다. 이러한 회사들은 그들이 구
입하는 부품이나 소조립품에 대해 값비싼 대금을 치러야 하지
만 그래두 최신의 기술수준을 유지하는 네 따른 경제적·사회
적 비용은 공급업체들이 부담하게 된다. 이에 반해 AT&T사
는 대부분의 작업을 내부적으로 처리하기 때문에 공급업체들
에게 기술혁신 비용을 부담시킬 수 없다. 스스로 생산시설의
혁신을 계속해 나가야만 한다. 결국「정착」제품의 수도 적지
만「정착」기술의 수는 더욱 더 적기 때문에 벨사는 낡은 기
술이나 익숙한 기술이 아닌 새로운 기술에 투입되는 운전자금
과 경영 노력의 비중을 높이지 않을 수 없다.
신제품 도입 결정은 회사측에 모든 필요한 재료와 생산공정
을 고안해 낼 부담을 지우는 경우가 많다. 통신정책기동대책
반(Task Force on Communications Policy)의 말대로『집적회
로·해저 증폭기와 같은 제품에는 수십가지의 신소재, 수많은
새로운 생산기술, 그리고 과거의 것과는 전연 다른 생산시설

들의 개발이 필요하다.」[59]

이 때문에 벨 시스팀은 최근에 여러가지 새로운 공법을 개발해야만 했는데 그 중 몇 가지만 들더라도 수압식 금속성형, 니들 본딩(needle bonding), 연속 구리주조, 고온·고압 결정(結晶), 스톨페스 케이블(Stalpeth cable), 박막집적회로, 레이저를 사용한 유리피복 저항기 제조 등의 공법이 있다.[60]

통신정책기동대책반은 이러한 새로운 생산공정들이 『생산환경의 기본적 변화 … 생산방법에 대한 근본적이고도 새로운 접근방식』을 조성해 준다고 지적하고 있다.[61] 이러한 공법들은 새로운 종류의 물리적 환경—예컨대 수술실과 같은 무균 작업장—을 필요로 할 뿐 아니라 그밖에도 새로운 종류의 인사·작업제도, 여러 학문분야에 걸친 새로운 기술의 배합, 새로운 인간관계 등을 필요로 한다. 이 공법들은 회사, 그리고 회사에 몸담고 있는 사람들에게 대대적인 적응을 요구한다.

「AT&T사는 수직적 통합을 선택함으로써 제품라인의 새로움이 자체 생산시설의 새로움에 직접적으로 의존하도록 만들었다.」 이 회사는 제품라인의 새로움 비율을 높일 때마다 그 생산기술에서도 다소간 이에 상응하는 새로움 비율의 상승을 시도해야만 한다.

이같은 긴밀한 결합을 일으키는 두번째 이유는 전화망(network)과 관계있다. GM사와 같은 일반적인 제조업체의 경우에도 신형 모델의 도입에는 여러가지 기계설비의 도입이 필요하겠지만 GM사의 경우는 고객의 신제품 이용을 돕기 위해 기존 네트워크를 확장 또는 수정할 필요는 없다. 그러나 「AT&T사는 신제품을 설계·제작하는 데 그치지 않고 한 걸음 더 나아가서 이를 수용할 수 있도록 네트워크까지도 수정해야만 한다.」 그것은 마치 GM사가 새 자동차 모델을 만들 때마다 매번 새로운 기술에 의해 수천 마일의 도로를 새로 포장해야만 하는 상황과 같다.

그렇기 때문에 우리는 지금까지 생산부문의 기술혁신에 부응하기 위해, 그리고 신제품의 이용도를 높이기 위해 네트워크 시설에서도 수많은 기술혁신이 이루어지는 것을 목격해 왔다. 단거리 통화업자 시설(carrier equipment)은 1950년대 초의 N-1에서 시작하여 ON-1, ONK, N-2, N-3 등을 거쳐 T-1과 T-2 디지틀 시스팀으로 단계적으로 발전해 왔다. 이와 병행하여 장거리 동축시스팀(coaxial system)은 L-3에서 L-4로, 그리고 오늘날의 L-5로 발전해 왔다. 마이크로웨이브 분야에서도 이와 마찬가지의 가차없는 발전이 이루어져 장거리 시스팀에서의 TD-2, TH, TD-3, TD-2A, TD-2B, TH-3은 말할 것도 없고 단거리 부문에서 TJ, TL-1, TL-2 및 TM 등이 추가되기에 이르렀다.

마찬가지로 전화교환 시설에서도 여러가지 기술혁신이 이루어져 DDD, CAMA, LAMA, ANI, 센트렉스에서 ESS No. 1-2W, ESS No. 1-4W, 1A1 콘센트레이터(Concentrator), TSP, 여러가지 PBX 시설, 그리고 신형 ESS No. 2와 TSPS 및 여러가지 크로스바(crossbar) 교환기의 전자식 개량품 등이 나왔다.[62]

결국 AT&T사는 불과 5년이라는 짧은 기간 동안에 이 회사가 창립 이후 65년 동안 설치한 것보다도 여러가지 종류의 전화기를 더욱 많이 설치함으로써 이 회사의 기술적 기반에 보다 많은 새로운 요소—보다 높은 새로움 비율—를 끌어들였다.[63] 이렇게 볼 때 웨스턴 일렉트릭사의 매출액에서 차지하는 신제품의 비중이 항공산업을 제외하고는 섬유에서 운송산업에 이르는 미국의 모든 주요 산업 중에서도 가장 높다는 것은 놀라운 일이 아니다.

벨사의 주간(州間) 회선망 시설은 1980년까지 현재 규모의 4배로 확장될 예정이다. 이것은 그때 가서 설치한 지 10년 이상 되는 시설이 전화선은 4마일당 1마일, 교환점은 4개소 중 1개소, 주간 네트워크를 위한 마이크로웨이브 탑은 4개소 중 1개소만 님게 된나는 것을 의미한다. 주간 네트워크 구성부품은 4개 중 3개가 10년 미만의 것이 될 것이며 그 중에서도 과반수는 아마도 5년 미만의 것이 될 것이다. 요컨대 AT&T사는 새로운 네트워크를 운영하는 셈이 된다.[64]

그러나 이러한 사태는 지금 생각하는 것보다도 더욱 중요한 결과를 가져올 것이다. AT&T사는 지금 대부분의 회사들이 외부화하고 있는 바로 그 책임들을 내부화하고 있기 때문이다. 전술한 바와 같이 GM사는 공급업체들의 새로움 비율에 대해 전적인 책임을 지지 않고 있다. 따라서 새로운 종류의 아스팔트 믹서·톨 게이트·도로 분리대 등을 설계하거나 건설 또는 이용할 필요가 없다. 이에 반해 AT&T사는 이에 해당하는 모든 일들을 하고 있다.

그러므로 「AT&T사는 세 가지의 주요 새로움 비율, 즉 제품라인·생산기술 및 네트워크 자체에 관한 새로움 비율들간에 복잡한 균형들을 유지하는 경영상의 책임을 떠맡고 있다.」

AT&T사의 R&D 비용 지출이 이처럼 다른 기업들보다 크게 높은 것은 바로 이 세 가지 비율들간에 균형을 유지하기 위한 AT&T사의 노력 때문이다. 그리고 「기술혁신의 사회적 비용(순수한 경제적 비용이 아닌)이 다른 곳에서보다 벨 시스템에서 높게 나타나는 것도 바로 이 때문이다.」

새로움 비율과 인력

AT&T사의 어떤 간부가 우연한 대화 중에 『사람들이 이제는 전과 달라졌다』고 말한 적이 있다.[65] 그의 말은 옳다.

벨사는 지금 초산업주의 혁명의 충격을 느끼기 시작하고 있다. 도시들이 변두리의 백인 거주지역과 흑인 중심지역으로 분열하고 있으며 노동자는 일상적인 반복업무에 불만을 느끼고 있다. 보건소와 탁아소 같은 사회서비스를 요구하는 압력이 증대하고 노동조합은 조합원들의 분노와 파벌을 수용할 능력을 상실하고 있다. 또한 청소년·흑인·여성 및 반체제인(angry)들로 이루어진 새로운 노동자 집단이 등장하고 있다.

그러므로 「지금은 단순히 AT&T사의 제품과 기술만이 새로와지고 있는 것이 아니라 이 회사의 종업원들도 새로와지고 있다. 즉 종업원들이 제도에 대해 새롭고 서로간에 새로우며 그들의 업무에 대해서도 새롭다.」

어떤 제품이나 기술의 지속기간을 측정할 수 있는 것처럼 벨 시스템의 인간관계도 그 지속기간에 따라 분류할 수 있을 것이다. 이 회사의 인간관계를 분류해 보면 우리는 5년 미만의 인간관계, 심지어 1년 미만의 인간관계가 차지하는 비중이 크게 높아지고 있음을 발견하게 된다.

그런데 새로움 비율의 증가는 이직률과 종업원의 근속기간에 관한 자료에서도 그 모습을 찾아볼 수 있다. 이직률은 지난 5년 동안 50%로 상승해 1969년에는 17년 동안에 가장 높은 수준을 기록했다. 이같은 이직률 상승이 가져온 한 가지 중

요한 부산물은 제도에 생소한 종업원의 수가 늘어나고 있다
는 것이다. 1969년에는 벨사 종업원 중 약 5분의 1이 근속기
간 1년 미만이었다. 이 비율은 1962년 수준보다 배가 늘어난
것이다.[66]

웨스턴 일렉트릭사에 관한 매킨지사의 연구결과에 따르면
경력 2년 미만의 가설공이 차지하는 비율은 1959년의 1% 미
만에서 16%로 껑충 뛰어 올랐다.[67] 뉴욕시에서는 불과 5년 전
까지만 해도 노동이동률이 매우 낮아서 이 회사는 연간 노동
이동률을 집계하지도 않았으나 1969년에는 이 비율이 50%에
달했다.[68]

이와 같은 특성을 지닌 조직체에 관해 다른 것은 알려져 있
지 않다 하더라도 훈련·조직구조·안정성·대인 및 부서간
커뮤니케이션에서 중대한 문제가 발생하리라는 것은 예상할
수 있다. 그러나 실제로는 그밖에도 알려져 있는 것이 있다.
즉 그들 개개인은 제도에 생소할 뿐 아니라 최근까지만 해도
노동력에 거의 포함되지 않았거나 지난 10년 동안에 급격한
사고방식의 변화를 겪은 사람들 중에서 선발되는 경우가 더욱
늘어나고 있다는 점이다.

요컨대 벨사의 경영자들은 지금 성적·사회적·인종적·교
육적·윤리적 특성면에서 생소한 사람들을 접하고 있다. 1963
년 이래 벨 시스팀의 총고용규모는 37.5%가 증가했으나 비백
인 종업원 수는 265%나 증가했다.[69] 30년 전에는 벨사의 여자
종업원은 주로 독신이었다. 그러나 지금은 3분의 2가 기혼자
이다. 전체적으로 지금은 벨사 종업원의 43%가 30세 미만이
며 약 3분의 1은 25세 미만이다.[70]

벨사의 어떤 고위 간부는 이 회사의 「고참」들이 직면하고
있는 몇 가지 새로운 상황—낯선 인간적 문제, 새로운 스타
일·어휘·태도 등과 관련된 상황—을 이렇게 설명하고 있
다. 『교환실 반장들은 젊은 교환원이 마약 과용으로 「별난
짓」을 할 때 대응하는 방법을 배우고 있다. 공장의 일선 감독
자들은 누군가가 「저 친구 꼰대 노릇하네」하고 은어로 말할
때 그 의미를 알고 있다. 또 그 감독자는 남자 직원들의 장발
단속을 위한 최고경영층의 지침이 내려오리라고 기대할 수 없
다는 것을 깨닫게 된다.…』『지금은 대도시의 고등학교 졸업
자들이 대거 우리 회사와 그밖의 다른 대도시 서비스 업체에

취업함에 따라 커다란 사회적 변화가 이루어지고 있다. 그리고 이러한 유입은 기업체의 권위주의적 구조에 중요한 변화를 일으킬 것으로 예상된다. …』[71] 이 말은 회사내의 감독자들에게 놀라움과 분노를 불러일으키고 있는 종업원들의 「궂은 일 기피」 자세를 그나마 점잖게 표현한 것이라 하겠다.

노동력의 상당 부분에서 나타나고 있는 이같은 새로운 독자성은 회사측의 입장에서 볼 때 두 가지 종류의 교육문제를 제기하고 있다. 이 두 가지는 모두 새로움의 문제와 직결된다.

회사측의 첫번째 교육적 과제는 수많은 사람들을 시간(시간 엄수)·아름다움(단정함) 등에 관해 특유의 묵계된 가정(tacit assumption)을 갖는 새로운 문화—그들 대부분에게는 전혀 생소한—에 끌어들이는 일이다. 이 사람들은 눈에 보이지 않는 규칙의 거미줄, 여러가지 불문율, 그리고 모호하고 이해하기 어려울 뿐 아니라 신기하고 낯설고 얼핏 터무니없게 보이기도 하는 여러가지 가치관들에 의해 둘러싸이게 된다. 읽기와 수학의 보충수업과정이라든가 단정한 옷차림이나 기업체 매너에 관한 강습을 통해 이들을 적응시켜 보려는 시도는 교차문화적 교육(cross-cultural education)에 관한 지식의 부족 때문에 큰 성과를 거두지 못하고 있다.

두번째 문제는 이 사람들을 빨리 특정한 업무에 숙달되도록 만드는 일이다. 이러한 형태의 훈련은 훨씬 쉬운 일이지만 이 훈련비용은 매년 비싸지고 있다. 그것은 이러한 업무 자체가 변화하고 있어 교육투입 비용을 배분해야 할 업무 수명의 기간이 날로 짧아지고 있기 때문이다.

요약하면 벨 시스팀의 인력에서 급상승하고 있는 새로움 비율은 제품 및 기술부문에서의 유사한 경향과 결합되어 AT&T사 경영층에게 진정한 의미의 「새로운」 내부적 환경을 제시해 주고 있다. 예컨대 만일 「시간 구획(time slice)」을 책정하여 입사 1년 미만의 종업원 13만 6,000명을 지난 해에 도입한 신제품 X와 최근 12개월 이내에 설치 또는 도입된 기계, 기술적 공정, 행정절차 등과 결합시킨다면 우리는 사실상 전혀 새로운 하나의 조직체—회사내의 또 하나의 거대한 회사—를 구성하게 될 것이 분명하다. 이 회사를 기존의 보다 큰 회사와 구별하기 위해 「벨 1971」이라고 부르기로 하자.

　이 「새로운」 벨사는 실제로 단 12개월 이내에 창설된 회사이지만 그래도 미국의 25대 기업체에 속하는 웨스팅하우스 일렉트릭사(Westinghouse Electric Corp.)나 보잉 항공사(Boeing Aircraft Co.), 듀퐁사(DuPont De Nemours and Co.), RCA, 굿이어사, 유니언 카바이드사(Union Carbide Corp.), 프록터 앤드 갬블사(Procter & Gamble Co.) 등 대기업체들의 종업원 총수보다도 많은 종업원을 거느리고 있다. 벨 시스팀의 고용 증가 규모는 미국에서 이 회사 다음으로 큰 8개 공익사업 회사들의 총종업원 수와 맞먹는 규모였다.[72]

　이 모든 것은 벨사가 추진하고 있는 과제가 얼마나 방대한 것인가를 극적으로 나타내 주고 있다. 그것은 마치 AT&T사가 미국 정부로부터 독자적인 새로운 하드웨어와 독자적인 제품 등을 갖춘 종업원 13만 6,000명 규모의 전적으로 새로운 자회사를 52주내에 창설하라는 돌격명령을 받은 것과도 같다. 필자가 알기로는 AT&T사가 직면하고 있는 이 정도 규모의 과제는 지금껏 그 선례가 없었다.

　물론 「벨 1971」이 정말로 회사 또는 자회사라면 여러가지 기술과 자원의 구성이 달라져야 할 것이다. 그러나 어느 의미에서 이러한 회사의 창설은 오히려 쉬울 것이다. 종업원 규모 13만 6,000명의 회사를 하룻밤 사이에 창설한다는 것은 힘든 일이겠지만 이 정도 규모의 「회사」를 기존 회사에 통합한다는 것은 더욱 힘든 일일 것이다. 새로운 요소는 단일 조직체인 자회사 안에 갇혀 있지 않고 제도 전체에 걸쳐 확산된다. 만일 「벨 1971」이 고립된 자회사라면 회사내의 거의 모든 다른 사람들은 각자 해오던 방법대로 계속 일을 해 나갈 수 있을 것이다. 그러나 「벨 1971」을 전체 벨 시스팀 위에 첨가하여 이를 하나의 기업조직 속에 통합한다면 이 갑작스러운 새로움의 주입에 의해 조직내의 거의 모든 사람이 영향받게 될 것이다.

외부적 새로움 비율

　벨 시스팀 중역들이 걱정해야 할 일이 「내부의」 새로움 관리만이라 하더라도 그것은 여간 힘든 일이 아닐 것이다. 그러나 「새로움 비율이라는 개념은 벨사의 대외적 관계에도 적용된다.」AT&T사는 전세계에 걸쳐 수많은 납품회사·경쟁회사·독립 전화회사 및 고객회사들과 관계를 유지하고 있다. 이들 조직체 상호간의 관계를 체계적으로 분류하여 그 지속기간을 측정한다면 조직상의 새로움 비율이 급상승했음을 통계적으로 입증할 수 있을 것이다. 오늘날 이러한 관계의 수는 늘어나고 있으며 그 중 새로운 관계가 차지하는 비중은 급격하게 증가하고 있다. AT&T사의 대외적 관계는 모든 분야에서 더욱 더 새롭고 비일상적인 관계로 되어가고 있다. AT&T사가 처한 정치적 환경이 이 점을 잘 설명해 준다.

새로운 산업정책

AT&T사는 다른 모든 대기업체들과 마찬가지로 특정한 정치적 환경 속에서 운영되고 있으며 또한 정치적으로 활동하는 단체·기관·회사들로 구성되는 네트워크의 일부를 이루고 있다. 1960년대 초까지만 해도 벨사는 자타가 공인하는 통신업계의 대변자였다. 그렇다고 해서 이 회사가 FCC나 법무부와의 싸움에서 매번 승리했다는 이야기는 아니며 또한 다른 조직체들—예컨대 방송회사들—이 커다란 정치적 영향력을 행사했음을 부인하는 것도 아니다. 그렇더라도 AT&T사는 이 분야에서 우뚝 솟은 존재였으며 또 모두가 이 점을 인정하고 있었다. AT&T사는 벨 연구소를 통해 최첨단 기술을 이용할 수 있었고 웨스턴 일렉트릭사는 하드웨어 생산을 선도했기 때문에 이 네트워크를 우회한다는 것은 실제적이지도 가능하지도 않았다. 더구나 벨 시스팀은 오랜 기간 동안 유례없는 공신력을 누렸었다. 마지막으로 AT&T사는 업계내에서 가장 우수한 예측능력을 보유하고 있다는 잇점을 누리고 있었다. AT&T사의 경영자들은 정부 규제당국자들을 포함한 어느 누구보다도 훨씬 먼저 기술혁신을 예견했기 때문에 그들은 충분한 시간을 두고 느긋하게 기술혁신에 대응할 수 있었다.

오늘날에는 벨사가 업계의 대변자로 공인되고 있지 않다. 국가적 차원에서는 FCC와 백악관내에 신설된 통신정책실(Office of Telecommunications Policy)이 새로 주도권을 잡고—가끔은 벨 시스팀의 이익에 상치되는 방향에서—국가정책을 정하고 있다. 정치무대의 이 두 강력한 주역 외에도 비영리부문에는 포드 재단(Ford Foundation), 카네기 재단(Carnegie Corp.), 슬론 재단(Sloan Foundation) 등 신참자들이 등장하여 비록 전국적 통신정책을 정하지는 않지만 정책입안에 영향력을 행사하고 있다. 더욱 중요한 것은 업계 자체의 여러 회사들도 새로운 경쟁자로 무대에 등장했다는 점이다. 그 중 일부만 열거해 보아도 이 새로운 정치무대의 정글과 같이 복잡한 모습을 엿볼 수 있다.

 • 컴퓨터 제조업체, 시분할국(時分割局, time-share bureau), 주변장치 메이커들과 그밖의 컴퓨터 산업 업체들.

 • 휴스사, 록히드사 등 인공위성 제작 능력을 갖춘 항공기 제조업체들.

 • 공익 방송회사와 전통적인 상업방송국들.

 • 단말기기 제조업체들.

 • 유선 TV회사들.

 • 전문화된 운송업체용 마이크로웨이브 시스팀 운영회사들.

 • 마이크로웨이브 장치 제조업체들 등.

 연방 차원에서의 이 새로운 활기는 보다 낮은 차원에서도 그대로 나타나고 있다. 벨사들은 각 주의 공공서비스위원회와 수많은 시의회에서 활동하는 새로운 세력들로부터 집중적인 반대에 직면하고 있다. 뉴욕에서는 린지 시장의 소비자문제 담당국장인 마이어슨(Bess Myerson), 그리고 뉴욕시 기업 상담역이 주동이 되어 주 공공서비스위원회로 하여금 뉴욕 텔리폰사가 기대했던 것보다 낮은 수준의 요율인상을 인가하도록 했다. 또한 이 위원회는 뉴욕 텔리폰사가 뉴욕시 일대의 서비스의 질을 개선할 때까지 특정 서비스를 중지하도록 만들었으며 실제로 서비스가 불량한 지역에서는 환불을 명하기도 했다. 또한 우리는 여러 지역 단체들이 성장하여 새로운 공장 및 지역사무소의 입지선정이나 회사본부의 이동에 항의하는 것을 목격하고 있다.[73]

기본적으로 정치적 상황은 소수의 주역들이 어느 정도 예측가능한 역할을 수행하는 상대적으로 안정된 상황으로부터 매우 변덕이 심한 상황으로 변해가고 있다. 이러한 변화는 심지어 쟁점에까지도 나타나고 있다. 과거에는 쟁점이 항상 반복되는 양상을 보였었다. 놀라운 일이 일어나는 경우는 드물었다. 주요 쟁점은 요율인상이라든가 웨스턴 일렉트릭사와 AT&T사간의 관계 문제 등에 국한되었다.

오늘날에는 이러한 쟁점들이 뒷전으로 밀려나고 새로운 쟁점들이 전면으로 부상하고 있다. 위성통신의 통제문제, 서비스의 질, 유선 TV, 공해, 미관 손상, 인종차별, 데이타 이용자들을 위한 적정 서비스 제공 등의 문제가 그 예이다.

이처럼 우리는 벨사와 다른 주역들간의 관계에서나 벨사와 쟁점들간의 관계에서 새로움 비율이 급격하게 상승하고 있음을 목격하게 된다. 최근 몇년 동안 벨사가 직면했던「최초의」사건들을 살펴보면 이같은 사실이 분명히 드러난다.

• 1962년 — AT&T사가 전화사업에 핵심이 되는 주요 통신기술에 관한 독점적 지배를 처음으로 상실 : COMSAT 설치법.[74]

• 1968년 — 개인전화의 전국전화망 접속에 관한 전통적 정책이 처음으로 붕괴 : 카터폰.[75]

• 1969년 — FCC가 요율 문제가 아닌 서비스의 질 문제에 관해 최초의 연구를 실시.[76]

• 1970년 — 통신정책 센터를 창설하기 위한 최초의 대통령 조치 : 통신정책실.[77]

• 1970년 — AT&T사의 고용관행에 관한 FCC의 최초의 조사.[78]

• 1971년 — 통신정책에 영향을 미치고자 하는 민간단체의 대리기구를 FCC내에 설치하기 위한 최초의 조치. [79]

• 1971년 — 「평균원가」 요율구조가 최초로 붕괴. [80]

• 1971년 — FCC가 처음으로 벨 시스팀과 경쟁할 대체적 네트워크 설치문제를 본격적으로 검토. [81]

이상과 같은 사건들(그리고 그밖에도 잘 알려지지 않은 수십건의 사건들)이 일어날 때마다 벨사의 경영진은 본질적으로 선례가 없는 정치적 상황에 대응해야만 했다. 급변하는 쟁점들과 급증하는 각종 세력들의 결합으로 인해 벨사의 경영진은 상대방들의 행동을 예측하기가 더욱 더 어렵게 되었다. 예컨대 유선 TV 회사들은 프로그램 작성문제에서는 방송회사들과 대치하면서도 국내용 통신위성 문제에 관해서는 방송회사들과 동맹을 맺고 있다. 참여 회사의 수가 산술적으로 늘어남에 따라 교차점, 즉 잠재적 분쟁거리는 조합적(combinatorially)으로 늘어나 벨 시스팀이 유리한 거점을 유지하기 위해 훨씬 더 많은 에너지를 소모하도록 만들고 있다.

이러한 상황은 앞으로 몇년 동안 더욱 심해질 것이다. 정치적 환경은 안정된 상태로 정착되기는커녕 오히려 더 한층 일관성없고 변덕스럽게 될 것이다. 이러한 환경에서 소비자운동이 중요한 역할을 하게 될 것이다.

새로운 소비자운동

소비자운동은 도처에서 찬양과 비판을 받고 있지만 기업인들은 아직도 이 운동을 잘못 이해하고 있다.

겉보기와는 달리 「새로운 소비자운동은 금세기 초의 폭로운동이나 대중인기주의(populism)의 단순한 재판은 아니다.」 이 운동은 또 새로운 모습으로 변장한 뉴딜정책의 반(反)트러스트 열기도 아니다. 그것은 하나의 새로운 현상이므로 기업이 종전과 같은 방식으로 이에 대응하려 한다면 실패할 수밖에 없다.

새로운 소비자운동은 과거의 모든 동류의 운동과는 쟁점·조직·전술·지지세력·속도(pacing) 등 다섯 가지 차원에서 다르다.

쟁점: 초산업주의 혁명이 이제 막 시작되었을 뿐이고 아직 산업주의 단계를 채 완결짓지 못하고 있는 일본에서는 소비자운동이 전통적 운동으로 되어 있다. 성난 주부들이 마쓰시타(松下)사를 공격했을 때 그것은 이 회사의 TV 수상기가 일본 내에서 미국보다 비싼 값으로 판매되고 있다는 사실을 알게 되었기 때문이었다. 이들의 항의는 경제적인 것이었다.

이에 반해 미국에서는 소비자운동이 일정한 경제적 영향을 미치기는 하지만 그 목적은 양보다는 질과 관계된 것인 경우가 많다. 초산업주의적 가치체계의 대두를 반영하여 미국의 소비자운동은 경제적 성공이라는 단일의 목표가 아니라 「생활의 질」이라고 불리우는 복잡한 목표들을 강조한다. 그렇기 때문에 지금까지 소비자운동은 자동차의 안전성, 비처방 매약의 효능, 요양소의 생활상태, 공해, 군사정책, 고용정책, 기업의 책임 등 본질적으로 경제적 요소가 부차적인 여러가지 쟁점들을 가지고 경제계에 도전해 왔다.

AT&T사의 경우 이러한 운동은 요율 인상이 직접 서비스 개선과 연결되어야 한다는 뉴욕 소비자단체들의 요구, 환경보호운동가들의 낡은 전화번호부의 전화국 반환, 미관을 이유로 한 전화시설 탑의 위치 및 구조에 대한 반대, 퍼시픽 텔리폰 앤드 텔리그라프(Pacific Telephone and Telegraph)사 등 여러 회사가 「소수민족에 대한 동등한 서비스」를 거부했다는 이유로 소비자단체들이 연합하여 캘리포니아 대법원에 제기한 소송,[82] FCC가 서비스의 질이라는 쟁점에 대해 보인 새로운 관심 등의 형태로 나타났다.

이상의 모든 경우에는 경제적인 쟁점들이 관련되어 있으나 그것들은 다른 관심사에 의해 가리워져 있다. 「설사 AT&T사(그리고 다른 모든 대기업체들)가 내일 당장이라도 가격과 이윤을 반으로 줄인다 하더라도 소비자운동은 계속 번져나갈 것이다.」 소비자운동의 목표와 근원은 심리적·문화적인 것이며 특히 정치적인 것이기 때문이다. 그것은 변화에 따른 불안감에서 오는 반응이며 대기업과 정부조직이 통제력을 상실하고 있다는 느낌, 또는 이들의 에너지가 시대착오적인 목표를 향해 잘못 사용되고 있다는 느낌에서 오는 반응이다.

기업계가 전통적인 경제적 논거에 입각해서 새로운 소비자운동을 반박하는 것은 효과가 전혀 없다. 이 운동의 목표는 반드시 더욱 부유한 사회를 이룩하려는 것이 아니라 보다 안전하고 보다 문명화된 사회를 이룩하려는 데 있기 때문이다.

조직 : 새로운 소비자운동은 조직 스타일면에서도 역사상의 여러 선례들과는 다르다. 이 「운동」은 자발적이면서도 예측하기 힘든 정열과 행동에 몰두한다. 이 운동의 구조는 관료적·항구적인 것이 아니라 엉성하고 애드호크러시적이다. 대중매체의 현지보도로 지원을 받고 대규모 단체들로부터의 소외로 더욱 격앙되는 새로운 소비자운동은 양대 정당의 공식적인 기구들을 배척한다. 가능성은 희박하지만 만일 이 운동이 궁극적으로 새로운 정당으로 발전한다면 그것은 새로운 스타일의 정당, 즉 임시적이고 비공식적이며 다중심적인 정당이 될 것이다.

전술 : 종전의 사회개혁운동들 — 예컨대 산업별회의(CIO/Congress of Industrial Organizations)나 전국 유색인종 지위향상협회(NAACP/National Association for the Advancement of Colored People) 등 — 은 규율이 잡힌 중앙집권적 기구를 만들어 어느 정도 합리적으로 선정된 목표들을 공격했었다. 그러나 새로운 소비자운동은 전략수립을 위한 중앙기구를 갖고 있지 않다. 그렇기 때문에 이들의 모든 에너지를 선정된 어떤 단일 목표에 집중하기가 쉽지 않다. 그러나 이 운동은 동시에 도처에서 추진된다는 점에서 큰 잇점을 지니고 있다. 이 운동은 상대방을 괴롭히고 사회적으로 일격을 가한 후 일단 사라졌다가 며칠 후 그 분야의 다른 곳에서 다시 나타날 수 있다.

더구나 전통적 개혁운동이 본질적으로 적대적인 언론을 상대했던 데 반해 새로운 소비자운동은 다양한 기사거리를 만들어 내는 방법을 알고 있을 뿐 아니라 언론기관으로부터 광범한 동조를 얻고 있다. 그렇기 때문에 「에스콰이어(Esquire)」지는 장거리 전화요금의 협잡장치에 관해 보도하게 된다.[83] 또 「램파츠(Ramparts)」지는 AT&T사가 탄도탄 요격미사일에 관련되어 있음을 비난하는 데 그치지 않고 독자들에게 이 회사의 「타도」를 촉구하게 된다.[84] 호프먼(Abbie Hoffman)은 그의 새 저서에서 『전화회사라는 것이 있는 한…아무도 전화를 걸 때마다 요금을 낼 필요가 없다. …전화회사를 매도하는 것은 혁명적 사랑의 행위이니까 모두 이 말을 퍼뜨리는 데 협조하자.』[80] 이 책은 그리고 나서 5페이지에 걸쳐 그 구체적 방법을 제시하고 있다. 보다 책임있는 단체들은 지역사회 단체들에게 전화회사와 싸우는 방법을 알려 주는 책자들을 발간하고 있다. 우호적인 신문들은 이 책자를 널리 알리면서 독자들에게 그 책자의 입수방법을 알려 주고 있다.

속도 : 사람들을 동원하기 위해 구체적인 사전 계획과 극히 힘든 병참조직을 필요로 했던 과거의 대중운동과는 달리 새로운 소비자운동은 언론보도에 힘입어 하루 아침에 사람들을 동원할 수도 있고 운동요원들을 순식간에 제트기로 전국에 이동시킬 수도 있다. 또한 장거리 전화를 이용하여 그 사상을 전파할 수도 있다. 전통적 대중운동에서는 장소적 집중(중점적인 행동장소의 선정)이 가능했었으나 새로운 소비자운동은 시간적 집중이 가능하다.

이러한 이유 때문에 새로운 소비자운동은 종전의 모든 개혁운동과는 근본적으로 다르다고 생각해야 한다. 현재의 운동형태와 영웅들은 사라질 것이 틀림없지만 그대신 패턴이 보다 모호한 새로운 활동이 뒤를 잇게 될 것이다. 경제계의 입장에서 보면 이것은 더욱 더 적대적인—불쾌한 기습(surprise)과 야간 매복공격으로 가득찬—정치적 환경의 대두를 의미한다.

새로운 「기습」 정책

미국의 전반적 정치상황은 일상적인 것에서 비일상적인 것으로 뒤바뀌어 가고 있다. 소비자운동은 무에서부터 출발하여 불과 5년 동안에 여러가지 확고한 승리를 쟁취했다. 주요 정치인들이 모두 (적어도 말로는) 이 운동에 동조하고 있다. 닉슨(Richard Milhous Nixon) 대통령은 소비자문제 부서를 설치했다. 입후보자들은 저마다 공해기업을 비난하고 있다. 잡지들은 네이더(_[역주] Ralph Nader, 변호사
이며 소비자운동의 지도자)를 대통령으로 추대하는 운동이 일어날 것이라고 추측하고 있다. 여성들의 정치집회가 등장하면서 일종의 마이어슨 붐과 같은 정치적 붐이 일어날 가능성도 배제할 수 없게 되었다.

　또한 이 운동은 전에는 개혁에 적대적이었던 각종 규제위원회들로부터도 놀라울 정도의 동조를 얻고 있다. 지난 5년 동안에 뉴욕·플로리다·캘리포니아의 공공서비스위원회들이 벨 운영회사들에게 인상요금의 환불을 명령했다.[86] 또한 전술한 바와 마찬가지로 FCC는 사상 처음으로 전화서비스의 질 문제를 조사했을 뿐 아니라 한 걸음 더 나아가 FCC에 대한 소비자단체들의 제소를 지원하기 위해 공공자문관실을 설치하는 문제도 검토하고 있다.

　더구나 기계파괴운동·사보타지·폭발물 설치 등의 사례가 일어나 불확실성의 수준을 더욱 극적으로 높여주고 있다. 이 같은 새로운 풍토에서 경제계는 이제 더 이상 낡은 규칙에 따라 활동할 수도 없고 전통적인 동맹세력을 믿을 수도 없게 되었다.

　그 몇년 동안에 우리는 보다 큰 정치무대에서도 일련의 더욱 놀라운 역전극이 일어나는 것을 목격했다. 문자 그대로 하룻밤 사이에 마련된 닉슨 경제계획은 25년 동안 계속된 연방정부의 임금·물가통제 반대입장을 산산조각내고 말았다. 일부 경제전문가들은 이 새로운 정책이 AT&T사에 타격을 줄 것으로 보고 있다. 그것은 통제가 쉽지 않은 다른 경제부문들에서는 임금과 가격이 슬그머니 오를 수 있는 반면 AT&T사는 그 규모와 사회적 이목 때문에 비교적 단속하기가 쉽기 때문이다. 그렇기 때문에 경제전문가들은 한동안 벨사의 가격과 임금이 다른 경제부문에 비해 상대적으로 떨어져 근로자의 사기와 회사의 이윤에 파멸적인 타격을 줄 것이라고 예상하고 있다. 그러나 사실은 이 새로운 정책이 업계 전반과 특히 AT&T사에 어떠한 영향을 미칠 것인지 자신있게 말할 수 있는 사람은 아무도 없다.

　따라서 딘 위터사(Dean Witter & Co.)의 수석 경제전문가 콘런(Don R. Conlan)은 『그 모든 복잡한 계량경제 이론과 모델에도 불구하고 극적인 결과가 어떻게 나타날지를 말해 줄 수 있는 숫자나 사람이나 모델은 없다』고 말하고 있다. 샌프란시스코에 있는 시큐어러티 퍼시픽 내셔널 뱅크(Security Pacific National Bank)의 경제전문가 깁슨(T. D. Gibson)은 현재의 경제예측들은 『아마도 지난 몇년 동안의 어떤 예측에 못지 않게 믿을 수 없다』고 불평했다.[87] 새로운 정치적 정책들은 경제전망을 과거 어느 때보다도 훨씬 더 불확실하게―그리고 예측할 수 없게―만들었다.

정치무대에서 나타난 그밖의 새로운 불확실성으로는 투표연령이 18세로 확대된 사실을 들 수 있다. 청소년의 「보수주의」에 관해 낙관적인 추측을 하는 사람이 많음에도 불구하고 이 새로운 유권자들이 가까운 장래에 기업의 형태에 어떠한 영향을 미칠지를 과학적으로 평가할 수 있는 사람은 아무도 없다. 여권운동의 대두, 특히 여성 정치집회의 대두는 사태의 가변성을 더 한층 심화시키고 있다.

우리는 당연시되었던 패턴들의 지속을 더 이상 전제할 수 없는 사태를 거듭 목격하고 있다. 예컨대 미국 정계에서 전통적으로 보수주의적 역할을 해온 가톨릭 교회의 경우가 그렇다. 오늘날 전세계적인 교회혁명의 일부를 이루고 있는 가톨릭 교회의 자유주의와 급진주의는 직선적인 정치예측을 극히 어렵게 만들고 있다. 그 한 가지 예로서 흑인 분리주의가 대두하여 흑인단체들이 75년간에 걸친 통합정책으로부터 이탈하면서 흑인사회를 분열시키고 나아가서는 흑인들의 정치활동을 더 한층 예측하기 어렵게 만들고 있다는 사실을 들 수 있다.

국제적인 무대에서도 이와 비슷한 「낡은 규칙」의 붕괴를 목격할 수 있다. 역시 하루 아침에 채택된 닉슨의 중국 정책은 지금껏 예측 가능했던 권력관계를 뒤흔들어 정치분야의 새로움 비율을 높여주고 있다. 연이은 통화위기와 평가절하로 금융체제의 안정이 흔들리고 있다. 거대한 경쟁국으로서의 일본의 등장과 일본 군국주의 부활의 위험성은 갑자기 미국의 전후 아시아정책에 근본적 수정을 강요하고 있다. 영국의 유럽공동시장(Common Market) 가입은 유럽에 새로운 정치적 질서를 조성하고 있다. 동유럽에 대한 서독의 화해정책은 예측 가능했던 냉전질서를 무너뜨려 더 한층 예측할 수 없는 상황을 조성하고 있다.

「이처럼 우리는 벨사의 경영자와 종업원들이 직면하고 있는 세계에 근본적인 변화가 일어나고 있음을 목격하고 있다. 내부적으로는 제품과 방법, 그리고 심지어 인사구조와 조직구조에 관해서도 일상적인 반응은 더욱 더 적합하지 않게 되었다. 대외적으로 좁게는 통신산업정책 분야에서, 넓게는 기업 및 소비자정책 분야에서, 그리고 보다 넓게는 전반적인 국내외 정책의 테두리 안에서 우리는 낡고 경직된 구조물들이 붕괴하고 매우 새로우면서도 낯선 환경이 조성되는 것을 목격하고 있다.」

새로움의 본질

새로움이란 기습 또는 예측 불가능성을 나타내는 말이다. 그리고 새로움 비율의 상승을 향한 이러한 변동들은—특히 사회적 차원에서—오늘날 기업체 중역들을 깜짝 놀라게 만드는 사태가 빈발하고 있는 이유를 설명하는 데 도움을 준다. 벨사의 경영자들도 사석에서는 필요한 예측을 하기가 어렵다고 거듭 호소하고 있다. 예컨대 뉴욕에서 최근의 문제들을 토론하는 자리에서도 이 테마가 주요 화제로 올랐다.

어떤 선임 기획전문가는 『곡선이 급상승하여 일시적인 궤도 이탈이라고 생각했었다. 그러나 이 곡선이 다시는 하강하지 않았다』고 말했다. [88] 뉴욕의 어떤 벨사의 간부는 이렇게 선언했다. 『올바른 정신을 가진 사람이면 아무도 그같은 급상승을 예상하지 못했을 것이다.』[89] 또 어떤 AT&T사 간부는 월 스트리트 구역에 관해 이렇게 말했다. 『우리가 그것을 내다보았어야 하는 건데 아무도 그런 머리를 갖지 못했었다.… 월 스트리트 사무소들은 5년 동안 줄곧 제로 성장이었다. 그런데 작년에는 사용량이 1년 동안에 40%나 늘었다. 우리만 그런 일을 당한 것이 아니었다. 시장 자체가 그랬다.』[90] AT&T사의 어떤 기획담당자는 전반적인 건설공사 예측에 관해 언급하면서 『만약 1년 전에 누군가가 우리가 이러한 문제에 직면하게 될 것이라고 말했더라면 나는 그를 정신나간 사람이라고 했을 것이다』라고 내뱉었다. [91]

인터뷰 내용을 일부 인용한 것도 있지만 이러한 놀라움의 표현들은 그 사람들의 무지를 나타내는 것이 아니라 오히려 새로움 비율의 상승과 밀접하게 관련되어 있는 환경적 불확실성에 큰 변화가 일어나고 있음을 나타내고 있다.

또한 이 새로운 요소에 대응해야 할 사람은 기획담당자나 고위 중역들만이 아니다. 감독자가 교환원들에 관해 잘 알고 있지 못하다면 그들의 업무실적을 예측할 수도 없다. 엔지니어가 새로운 팀과 함께 일하게 되는 경우 그들은 미지수의 인물들이기 때문에 그 엔지니어는 자기 동료들 모두의 능력을 확실히 파악할 수 없다. 「예측 불가능성」이 전체 구조 속에 침투하기 시작한다.

이러한 상황은 회사내에 스트레스 수준을 높이고 변덕스럽고 불규칙적인 반응을 일으키며 전체적으로 무능한 결정을 내리게 만든다. 낡은 기본적 규칙의 붕괴(즉 사회제도 또는 기업제도의 여러 부분들간의 대소의 지속적 관계들의 붕괴)는 「벨 시스팀 경영자들과 심지어 일반 종업원들까지도 이제는 더 이상 과거처럼 기존의 일상업무에 의존할 수 없게 되었음을 의미한다.」

경영자들은 물론 교환원·가설공·설비공·영업사원 등이 내리는 결정사항 중에서 이제는 「프로그램화 하지 않은」 사고 및 평가·학습을 요하는 결정사항의 비중이 높아지고 있다. 결정을 내리기 전에 내부적·대외적 환경에 관해 보다 많은 정보를 수집·조립·분석하고 평가해야만 한다. 개개인이 기존의 정책이나 절차를 수행함으로써 파국적인 상황에 직면하게 되는 경우가 더욱 더 늘어나고 있다. 요컨대 개개인은 자기가 대응방안을 「발명」해 내야 하는 상황에 직면하고 있다. *

그러나 대부분의 벨사 사람들은 문제를 해결하기 위한 방법으로 공식적으로 승인된 표준적 절차들을 모색하도록 권장되어 왔다. 「산업주의시대에는 가장 효율적인 행동규칙을 제정하는 회사 — 가장 잘 만든 〈규정집(rule book)〉을 가지고 있는 회사 — 가 가장 능률적인 조직체인 경우가 많았다.」 잘 만들어진 규정집은 「가장 효율적인 대응방안」들을 성문화함으로써 종업원들이 고객이나 납품업자·규제당국자 등을 만날 때마다 절차를 새로 발명해 내야 하는 수고를 덜어 준다. 「그러나 새로움 비율이 상승함에 따라 규정집의 효용성은 떨어지며 따라서 규정집을 만드는 데 많은 에너지와 역량을 쏟아 넣은 회사는 낡은 규칙들을 붕괴시킬 수밖에 없는 새로운 현실에 대응

---

* 예 : 임금·물가동결에 대처함에 있어서 벨사의 중역들과 교섭대표들은 간편한 일상적 절차에 의존할 수가 없었다. 그들은 이 새로운 상황에 대처할 대응방안을 스스로 「발명」해야만 했다.

하는 데 무기력하게 되는 경우가 많다.」

　새로움이 갖는 긍정적인 측면은 노사 양측이 업무중에 높은 수준의 창의력과 상상력을—조직구조가 이러한 자질을 억제하지 않고 권장한다면—발휘하도록 유도해 준다는 데 있다. 그러므로 새로움 비율의 상승은 새로운 종류의 경영과 함께 새로운 종류의 조직구조를 요구한다.

　지금까지 우리는 탈표준화 압력이 어떻게 조직상의 복잡성과 의사결정상의 문제들을 증대시키는가를 살펴보았다. 여러 가지 새로움 비율들의 동시적 급상승은 문제를 기하급수적으로 증대시킨다. 벨사가 초산업주의시대로 접어듦에 따라 이 갑작스러운 복잡성을 어떻게 해서든 관리하는 것이 지도층의 과제로 되고 있다.

내일의 假定

6. 쵸산업주의 모델

해설

강렬하고 가속적인 변화의 시기에는 외부세계에 관한 모든 경영상 가정들의 정확성을 매일 아침뉴스를 듣고 재검토해야 한다. 그러나 신문과 TV가 토해내는 뉴스는 아무런 패턴이 없는 혼란상을 제시해 주고 있다. 이 장에서 필자는 기업환경에 나타난 몇 가지 기본적인 변화들에 초점을 맞추어 그것들을 하나의 일관성있는 틀 속에 묶어보려고 시도했다.

돌이켜 보면 지금 등장하고 있는 사회에 관한 설명이 부적절한 것으로 생각된다. 그 설명이 반드시 틀린 것이라기보다는 너무 빠뜨린 것이 많고 또 그것이 제시하는 여러가지 요인들을 서로 올바르게 관련시키지 못하고 있기 때문이다. 필자의 저서 「제3물결」이 출판된 1980년경에 필자는 새로운 사회에 관한 작업 모델을 이미 확대·심화시켜 놓고 있었다. 그 책에서는 예컨대 오늘날 퍼스널리티(personality)와 지역사회에서 일어나고 있는 심대한 변화와 함께 엘리트의 구조와 「권력영역(power-sphere)」에서 일어나고 있는 변화들을 다루었는데 이 변화들은 모두 통신과 기업내 인간관계, 그리고 기업조직 일반에 대해 커다란 의미를 함축하는 것들이다. 그러므로 그 저서에서는 이 책에서 제시한 모델을 보다 복잡하고 내용이 풍부한 것으로 대체해 놓았다.

그럼에도 불구하고 이 책에서도 여러가지 중요한 요인과 운동이 정확하게 예시되어 있다. 예컨대 생산의 분산이라든가 가족제도의 변화에 관한 언급은 그대로 입증되었다. 그 당시만 해도 지평선상의 조그만 점에 불과했던 유선 TV가 지금은 크게 확장되었다. 일본은 주요 경쟁대상국이 되었다. 그리고 비록 캐나다의 경우처럼 분리주의 압력이 줄어든 곳도 있고 또 뉴욕이 아직까지 독립을 요구하지 않고 있기는 하지만 그래도 밑바탕에 깔린 정치적 탈중앙집권화와 지방자치의 압력이 줄어들었다고 보는 것은 잘못이다.

생산·소비·통신·가정생활 등 미국 생활의 여러 측면에서 계속되고 있는 탈대중화(de-massification)는 앞으로 여러 지역들이 획일화되는 것이 아니라 더욱 더 괴리될 것임을 시사하고 있다. 그리고 벨 시스팀이 분해되어 7개의 지역별 운영회사가 생겨났다는 사실 자체가 지역의 점증하는 중요성을 반영(그리고 더욱 촉진)하고 있다.

과거에는 전국적 시장을 필요로 했던 여러가지 형태의 생산도 지금은 첨단기술과 함께 각 지역 자체의 풍요와 인구의 증대로 인해 비전국적인 규모로 지탱할 수 있게 되었다.

또한 겉으로는 최근의 경제적 압력들 때문에 젊은이들의 서투른 반(反)물질주의 경향이 줄어든 것처럼 보이지만 미래의 가치관이 반드시 과거와 비슷하리라고 생각하는 것은 커다란 잘못일 것이다. 벨 시스팀을 탄생시킨 대중사회는 상대적으로 높은 컨센서스(consensus), 즉 가치관의 공유에 의해서 특징지어졌었다. 이 보고서가 작성된 이후의 미국은 바로 여기서 시사했던 방향, 즉 탈컨센서스(dissensus)와 가치관의 다양화를 향해 변화해 왔다.

더구나 통신분야에서의 기술발전으로 인해 이제는 소규모 집단마다 독자적인 전자 및 인쇄물의 통신 채널을 가질 수 있게 되었다. 이것은 사회적 다양성과 개별성 확대를 촉진하며 이에 따라 보다 다양한 통신서비스에 대한 수요가 더욱 늘어나게 된다.

이같은 근본적인 변혁이 일어남에 따라 AT&T사 경영자들은—그리고 그밖의 수많은 경영자들두—경영상의 어려기지 가정들을 재검토하지 않으면 안되게 되었다.

보고서

탈표준화와 새로움 비율의 제고를 향한 벨 시스팀 내부의 변화는 이 회사가 지금 전형적 산업주의시대의 기업으로부터 새로 등장하는 초산업주의적 환경에 보다 잘 적응할 수 있는 기업으로 내부적인 변혁을 겪고 있음을 말해 주는 것이다. 이 기업체를 위한 효율적인 장기정책을 마련하려면 먼저 초산업주의의 모델 문제부터 시작할 필요가 있다. 만일 미국이 지금 필자의 생각대로 실제로 일종의 돌연변이 과정을 겪고 있는 것이라면 앞으로 닥쳐올 새로운 사회는 어떠한 모습일까 ?

이처럼 포괄적인 질문에 구체적인 답변을 할 수 있는 사람은 아무도 없겠지만 새로 등장하는 사회의 가정적 모델을 상정하여 이미 벨 시스팀에 영향을 미치고 있고 앞으로 최대한의 충격을 미칠 수 있으리라고 생각되는 다섯 가지의 장기적 추세를 집중적으로 검토해 보는 것이 도움이 될 수 있을 것이다.

생산

산업사회에서는 공장이 지배적인 존재였다. 공장은 원료·노동 및 조직 역량이 집결된 곳이었다. 도시는 여러 공장들이 집결된 「초공장(super-factory)」이 되었다. 그러나 공장은 단순히 생산의 도구에 그친 것은 아니었다. 공장은 생활감정을 정착시켰고 사람들의 기상시간과 취침시간을 정해 주었고 기초적인 문자해독 능력과 시간엄수를 요구했다. 또한 공장은 무엇보다도 다른 여러가지 제도들을 설계하는 모델이 되었기 때문에 회사 사무실·정부기관·병원 그리고 특히 교육기관들은 그 물리적 또는 조직상의 편성에서 공장을 닮아가게 되었다.

오늘날에는 두 가지 변화가 일어나고 있다. 우리는 생산이 대도시 중심지역으로부터 더욱 더 분산되는 것을 목격하고 있으며 또한 일차적 생산도구인 공장 그 자체가 쇠퇴하고 있음을 목격하고 있다.

기계집약적 경제가 정보집약적 경제로 이행해 감에 따라 원격통신 분야의 발전은 후미지고 탈중앙집권화된 비도시지역 사람들을 여러가지 생산공정에 투입할 수 있게 해줄 것이다.

전용회선 서비스의 성장이 이미 시사해 주고 있는 바와 같이 통신 전송비용의 감소는 근로자를 몇몇 장소에 집결시킬 필요가 없도록 만들 것이며 또한 작업을 가정·사무실·휴게실·전문분야별 회의실, 그리고 상호작용하는 전문화된 근로자 집단들이 임시적 목적을 위해 만나는 통신실(communications room) 등으로 더욱 분산시키도록 조장하게 될 것이다. 중요한 작업이 더욱 더 개인적 서비스와 상징조작에 의해 좌우되게 됨에 따라 거대한 산업주의적 집결체들은 붕괴될 것이다. 우리는 최첨단기술에 토대를 둔 새로운 형태의 「가내공업(cottage industry)」의 방향으로 나아갈 가능성이 많다.

물론 그렇다고 해서 공장들이 소멸된다거나 대량생산이 중단된다는 말은 아니다. 그러나 그것은 공장이 생산도구로서나 다른 제도들의 모델로서 우리 생활 속에서 차지해 온 중심적 역할의 수행을 중지할 가능성이 있음을 의미한다. AT&T사의 경우 이 말이 의미하는 바는 벨사가 복잡한 여러가지 기획 노력에도 불구하고 지금은 존재하지 않는 방대한 회선망을 필요로 하게 될 것이며 또한 현재 회선망이 집중되어 있는 지역에서는 시설용량의 과잉상태를 빚게 되리라는 것이다.

조직

산업주의하에서는 관료체제가 지배적인 조직형태였다. 공장은 표준화된 제품을 뽑아내는 곳이었고 관료체제는 표준화된 결정을 뽑아내는 장치였다. 관료체제는 기계적인 기능 분할, 일상적 활동, 영속성, 그리고 매우 거대한 수직적 위계체계를 기반으로 삼는다. 결정은 꼭대기에서 이루어지며 이에 따라 지시가 내려가면 밑바닥에서 행동이 이루어진다. 이 같은 관료제도는 상대적으로 예측 가능한 환경에서 제한된 수의 반복적 기능을 수행하기 위해 마련된 것이다. 바로 이 때문에 이 제도는 산업주의시대의 인간조직의 지배적인 양식이 되었다.

그러나 초산업주의 사회에서는 관료체제가 더욱 더 애드호크러시에 의해 대체될 것이다. 애드호크러시는 조직체를 둘러싼 주변 환경의 변화속도에 따라 단계적으로 등장했다가 소멸하는 수많은 임시적 작업단위들의 업무를 조정해 주는 프레임과 같은 일종의 지주회사(holding company)라고 할 수 있다.

이같은 사태는 이미 여러 산업들에서 이루어지고 있는 임시적 조직체들—기동 대책반(task force)·문제해결 그룹·프로젝트 팀 등—의 급속한 증식에 의해 예시되고 있다.

내일의 애드호크러시들은 지금과 전연 다른 인간적 특성들을 요구하게 될 것이다. 즉 급속한 학습능력(새로운 환경과 문제들을 파악하기 위해)과 상상력(새로운 해결책을 강구하기 위해)을 가진 사람들을 필요로 하게 될 것이다. 요컨대 최초의 또는 단 1회만의 문제들을 다루려면 내일의 회사원은「규칙에 따라」기능해서는 안된다. 위에서 내려 보내는 명령을 기계적으로 집행하는 것이 아니라 스스로 판단을 내리고 가치문제에 관한 복잡한 결정을 내릴 수 있는 능력을 갖추어야 한다.

내일의 회사원은 다양한 업무와 조직체계를 헤쳐나가면서 끊임없이 변하는 동료 그룹들과 함께 일할 마음의 자세를 지녀야 할 것이다.

가족구조

산업사회에는 한 가지 표준적인 가족모델—이른바 핵가족제도—이 있다. 이 가족모델은 부모와 자녀가 함께 살면서 조부모·장인·장모·숙부·숙모 등 친척과 인척의 방해를 받지 않는다. 이 형태가 산업사회의 유일한 가족형태는 아니지만 이것이「이상적」이며 또 가장 지배적인 가족형태로 되어 있다.

지금은 몇 가지 요인들이 복합적으로 작용하여 핵가족의 우위를 무너뜨리고 이를 다원적 가족제도로 대체해 가고 있다. 그 중 가장 강력한 요인은 생식기술(reproductive technology)

의 발전에서 비롯된 것이다. 수정난을 매개체에 이식하고 태아를 자궁 밖에서 양육하고 특정한 유전적 특징을 프로그램하고 아기의 성별을 미리 결정하고 인간을 무성생식으로 복제하는 등의 일을 가능케 해준 기술적 돌파구가 미친 충격에 비하면 피임약이 미친 사회적 영향은 아무 것도 아니다. 유전학과 출산학은 앞으로 20년 동안에 가장 폭발적인 발전이 기약되는 두 과학분야이다.

이같은 사태발전은 전통적 가족구조의 붕괴를 촉진시킬 수밖에 없으며 또한 우리에게 낯익은 핵가족과 확대가족(extended family)으로부터 생활공동체적 가족(communal family), 집합가족(aggregate family), 동성애자들의 자녀양육 단위, 키부츠(kibbutz)적 모델, 그리고 어쩌면 「직업적 부모(professional parenthood)」 등에 이르는 여러가지 선택적 가족형태들의 사회적 용인에 기초한 사회제도의 등장을 촉진시킬 수밖에 없다. 이 모든 것은 단순히 경제적 소비 및 분배의 변화를 시사하는 데 그치지 않고 나아가서는 이 사회의 커뮤니케이션 수요와 조직형태의 변화를 시사하는 것이다. 그것은 또한 벨사 여성 종업원들의 욕구와 기대심리에도 커다란 변화가 일어날 것임을 예견케 하는 것인데 이러한 변화는 이미 여성 종업원들의 탁아시설 및 승진기회 확대 요구의 형태로 나타나고 있다.

국가

또한 두 가지 압력이 수렴하여 고도기술국가(high technology nation)들과 전세계의 정치권력의 배분에 변화를 일으키고 있다. 산업주의하에서 권력은 국가에, 보다 구체적으로는 국가의 수도에 집중된다. 오늘날 워싱턴·동경·런던·파리·모스크바 등이 세계 권력의 중심지로 되어 있다.

부유한 나라에서 조성되고 있는 강력한 탈표준화 압력들은 국가 이하의 단위들에 더 많은 권력을 이양하도록 하는 권력의 근본적인 재배분을 요구하고 있다. 이같은 압력들의 가장 극단적인 형태는 실질적인 분리 요구에서 찾아볼 수 있다. 예를 들어 캐나다에서는 적어도 퀘벡주가 국가에서 완전히 떨어져 나가거나 아니면 연방계약의 성격에 근본적인 변화가 불가피해질 가능성이 있다. 미국에서도 이와 비슷한 압력들을 예상해 볼 수 있다. 우리는 뉴욕시가 단지 뉴욕주로부터만이 아니라 미국 자체로부터의 분리를 요구하는 사태를 예상해야 한다. 흑인 거주지역들의 공동체 관리 요구, 도시의 탈중앙집권화 시도들, 닉슨 행정부의 세입분배 제안, 아만파 신도들(〔역주〕 Amish, 미국 펜실베이니아주에 거주하는 금욕적 기독교의 일파로서 17세기에 스위스의 아만(J. Ammann)이 창설)의 공립학교 취학거부 권리에 관한 대법원의 판결 등은 모두가 사회내의 권력의 소재지가 기본적으로 하향이동하고 있음을 말해 주고 있다. 사회의 추진력은 통일이 아니라 단편화로, 권력의 더 한층 집중이 아니라 이양을 향해 나아가고 있다.

동시에 이에 못지 않게 강력한 일련의 압력들은 그 반대의 방향으로 작용하고 있다. 권력은 국가로부터 국가 이하의 단위들로 하향이동할 뿐 아니라 또한 국가로부터 초국가적(supranational) 단위들로 상향이동을 하기도 한다. 국제적 생태문제 — 예컨대 스위스의 화학물질이 라인강에 버려져 독일에 영향을 미치고 독일의 화학물질이 라인강에 버려져 네덜란드로 흘러가는 문제 — 의 대두는 국가보다 높은 차원의 규제당국을 요구하고 있다. 유럽화(Europeanization) 움직임은 이러한 경향을 반영하는 것이며 또한 각종 산업의 규제(예컨대 항공운수산업), 일기예보 및 기후조절 노력, 해저의 규제 등에 관한 여러가지 별로 알려져 있지 않거나 이해되고 있지 않은 국제협정들도 마찬가지이다. 국경을 초월하여 영향력을 행사하는 다국적기업의 등장은 정치적 권한의 이같은 상향이동을 가속화하게 될 것이다.

겉보기에 역설적인 것처럼 보이는 이러한 압력들은 향후 20년 동안에 걸쳐 국가 및 국가의 수도로부터 상당한 부분의 권력을 빼돌리는 결과를 가져올 것이다.

가치관

또 한 가지 중요한 것은 초산업주의가 독자적인 가치체계를 실현하여 산업주의 사회의 전통적 가치체계를 대체하게 될 것이라는 점이다.

그 중에서도 기업의 입장에서 특히 중요한 의미를 갖는 것은 물질주의적 목표를 둘러싸고 형성되었던 가치구조의 붕괴이다. 청소년의 반란, 히피현상, 환경보호운동, 신비주의에 대한 관심의 고조, 많은 중산층 젊은이들간의 금전적 보수만을 위한 직업의 기피현상, 그리고 「의미있고」 「보람있고」 또는 「사회적으로 유용한」 노동을 고집하는 그들의 자세 등 이 모든 것은 산업주의의 물질주의적 가치체계를 벗어나 우리를 「후경제적(post-economic)」 가치체계로 끌고 가는 강력한 물결이 닥쳐오기 시작했음을 입증해 준다.

초산업주의 사회의 특징을 이루는 후경제적 가치체계는 기업과 기업이 고용하는 사람들에게 새로운 직무수행 표준을 요구하게 될 것이다. 기본적으로 풍요한 상황이 지배하는 한 개개인과 사회 그 자체의 관심사는 경제적 목표로부터 벗어나 심리적·도덕적·사회적·심미적 목표로 향하게 될 것이다.

경제적 침체는 물질주의적 가치관으로의 부분적 후퇴를 수반하겠지만 완전한 경제적 불황이 아니라면 우리가 전통적인 경제적 가치관의 맹목적 수용으로 되돌아갈 가능성은 희박하다 하겠다.

일차적 활력소인 개인적 가치로서의 경제적 성공의 이같은 하강과 밀접하게 관련된 문제로 경제성장과 기업성장의 문제가 있다. 자원의 한계, 생태계 변형, 인구성장간의 모순을 강조하는 로마클럽(Club of Rome)의 보고서 「성장의 한계(The Limits to Growth)」를 둘러싼 공개적 토론은 성장 목표에 대한 일반의 신뢰가 상실되었음을 반영해 주고 있다.[92] 로마클럽의 모델은 너무 전진난반하다는 흠이 있지만 그래도 기업 경영자들이 이 보고서가 가져온 충격을 과소평가하는 것은 어리석은 짓일 것이다. 프랑스·일본·서독·네덜란드 등 여러 나라에서 성장이냐 비성장이냐 하는 문제는 정부의 고위층과 정치지도자들이 토론에 참가하는 가운데 정치적인 양극화를 불러일으키고 있다. 이 보고서가 미국에 큰 충격을 주지 않았다고 해서 이 보고서가 제기한 문제들을 무시해도 된다는 얘기는 있을 수 없다.

새로 등장하는 이 가치체계와 이것이 함축하고 있는 경제성장에 대한 의문 제기는 『한 국가가 이처럼 많은 것을 가지고서도 즐거움을 이렇게 적게 누린 적은 일찌기 없었다』는 취지의 닉슨 대통령의 발언에서도 잘 나타나고 있다.[93] 이러한 문제제기는 앞으로 더욱 심화될 것이다.

또한 새로운 후경제적 가치관은 기업체가 경제적 실적과 함께 사회적 실적에도 관심을 가져야 한다는 대중적 주장의 대두와 사회적 실적의 물량적 척도를 만들어 보려는 시도에서도 나타나고 있다. 소비자운동, 그리고 소수 인종 및 소문화 집단들의 기업 이사회 참여요구도 역시 기업이 이제는 단일의 (경제적) 목표를 추구해서는 안되며 사회적·물리적인 생태적 환경에 알맞는 「다목적」 조직체가 되어야 한다는 생각과 관계가 있다.

그러나 산업주의 가치관과 초산업주의 가치관간의 가장 큰 차이는 물질주의적 가치관으로부터 후경제적 가치관으로의 이행에 있는 것이 아니라 사회적 탈표준화에 수반하는 가치관의 단편화에서 찾아볼 수 있다. 기업은 앞으로 국민적 합의를 당연한 것으로 간주할 수 없게 될 것이며 그대신 여러 소집단들간의 가치관 충돌의 증대로 특징지어지는 환경 속에서 경영을 해야만 하게 될 것이다.

요컨대 새로운 기술은 우리를 로봇화·표준화한 단조로운 사회들로 이루어진 오웰(George Orwell)적 세계로 이끌고 가는 것이 아니라 각 사회구조가 보다 큰 사회적 테두리 속에서 독자적으로 일시적인 소가치체계(sub-system of value)를 만들어 내는 역사상 가장 고도로 분화된 사회구조로 이끌어 가고 있다. 기업체들은 스스로 제각기 독특한 가치체계들을 표현하고 선전하고 성취하고자 열심히 노력하는 소규모의 단명한 소문화 집단들에게 순응해야만 할 것이다. 이러한 가치체계들은 서로 중복되고 충돌하고 서로를 닥치는 대로 강화해 주기 때문에 기업을 운영하는 사람들에게 엄청난 선택의 어려움을 안겨 줄 것이다. 또한 개인 및 기업의 자기동일성(identity)과 역할을 통합하도록 극단적인 압력을 가하게 될 것이다.

7. 베일이 몰랐던 사실

해설

오늘날 우리에게 닥쳐오고 있는 여러가지 변화들은 얼핏보기에 너무나 혼란스럽기 때문에 우리는 그 의미를 파악하지 못할 때가 많다. 어떤 비교의 기준없이 이 변화들을 평가한다는 것은 어려운 일이다.

예컨대 규모의 문제를 생각해 보자. 영리한 조직전문가들은 너무 큰 것은 너무 작은 것과 마찬가지로 좋지 않다는 것을 알고 있다. 그러나 대부분의 회사 중역들이 경영의 바탕으로 삼은 일반적 전제는 성장과 더불어 「규모의 경제(economies of scale)」도 커진다는 것이었다. 대부분의 경영자들은 아직도 이것을 당연한 전제로 받아들이고 있는 것일까? 필자는 1970년대 이래 「규모의 비경제(diseconomies of scale)」—특정 규모 이상으로 확대될 때 흔히 수반되는 커뮤니케이션의 장벽, 기동성의 결여, 기술혁신의 억제, 퍼스낼리티의 부재, 동기의 상실 등—를 의식하는 회사 중역들의 수가 날로 더 늘어나고 있는 것이 아닌가 하는 생각을 가지고 있다.

이것은 기업경영 역사에서 우리 시대를 특징짓는 여러가지 중요한 개념 전환들 중 한 가지에 불과하다.

이 짧은 지면에서 필자는 가속적 변화 속에서 자라난 새로운 경영자 세대의 업무상의 가정들을 밝혀 보고 또한 재화를 생산하는 대중사회로부터 첨단기술과 극도로 복잡하고 조밀한 정보의 흐름에 기초한 사회로의 이행과정을 밝혀 보려고 시도했다. 이러한 가정들을 분명히 부각시키기 위해 필자는 이것들을 「베일이 알았던 사실」들과 대조해 보았다.

이러한 새로운 가정들 중의 일부는 벨사의 보다 전통적인 경영자들에게는 참으로 이상하게 보였을 것이 틀림없다. 그러나 10여년이 지난 오늘날 이같은 새로운 생각들은 대부분 은연중에 경영문화의 일부를 이루고 있다.

보고서

새로 등장하는 초산업주의 사회의 윤곽을 구체적으로 제시할 수 있는 사람은 없다. 그러나 이 모델의 다섯 가지 요소들을 결합해 보면 하나의 일관성있는 패턴이 형성된다. 여기에 활동 속도의 증가, 우리들의 법률체계 밑바탕에 깔려 있는 사회질서의 붕괴, 종교의 단편화, 그리고 기술혁신의 전망 등에 관한 우리의 지식을 추가하면 몇 가지 경영상의 가정들을 뒷받침하는 설득력있는 보다 큰 윤곽을 얻을 수 있게 된다.

제Ⅰ부에서 필자는 경영자들이 그들 사회의 변화 방향에 관한 일련의(대체로 암묵적인) 가정들을 기초로 하여 경영하고 있다고 지적한 바 있다. 필자는 베일 당시의 기업인들이 계획과 전략의 토대로 삼았던 일련의 기본적 가정들을 열거했었다.[94]

그러나 경영자들의 가정이 더 이상 사회적 현실에 부합하지 않게 되면 명백한 또는 실현 가능한 목표들을 설정하거나 이들을 효율적으로 실행하는 것은 불가능해진다. 산업주의 질서가 사라져 가고 있기 때문에 오늘날의 성공적 경영자들은 베일 시대의 가정들—오늘날에도 대부분의 사람들에게 제2의 천성이라고 여겨지고 있는 가정들—을 더 이상 당연한 것으로 받아들일 수 없게 되었다. 초산업주의 혁명이 진행됨에 따라 경영자들은 일련의 새로운 업무상의 가정들을 필요로 하게 될 것이다. 그리고 이 가정들은 지난 날의 지혜에 정면으로 반대되는 것일 수도 있다.

물론 베일로서는 20세기의 마지막 3분의 1 기간중에 미국이 어떤 모습을 할 것인지를 예측한다는 것은 불가능했다. 그러므로 오늘날의 기업운영에 관해 베일이 몰랐거나 알 수 없었던 일들이 있었다. 초산업주의에 관한 가정적 모델을 사용하면 경영자들에게 필요한 일련의 업무상 전제들을 추론해 보는 것이 가능하다. 이렇게 하면 「베일이 몰랐던 몇 가지 일」들을 추려볼 수 있다. 필자의 초산업주의 모델이 부분적이나마 옳은 것이라면 미래의 벨 시스팀 경영자들은 다음과 같은 것을 「알거나」 또는 당연한 것으로 받아들이게 될 것이다.

• 일단 기본적인 생계욕구가 충족되고 나면 대부분의 사람들은 생활에서 똑같은 것을 원하지 않으며 경제적 보상만으로는 그들에게 동기를 부여할 수 없다는 것.

• 기업 및 정부조직 양자의 경우 규모의 경제에는 상한선이 있다는 것.

• 정보는 토지·노동·자본·원료에 못지 않게, 어쩌면 그보다 더욱 중요하다는 것.

• 우리는 공장에서의 대량생산을 탈피하여 정보 및 초기술(super-technology)에 기초한 새로운 「수공업」 또는 「두뇌공업(headcraft)」 생산체제로 나아가고 있다는 것. 그리고 이 체제의 최종 산출은 표준화된 수백만 개의 동일한 가공품이 아니라 「주문화한(customized)」 재화 및 서비스라는 것.

• 최선의 조직방법은 관료주의적인 것이 아니라 애드호크러시적인 방법이라는 것. 즉 각 조직의 구성요소는 조립식(modular)·일회용(disposable)이고 각 단위는 다른 여러 단위들과 위계질서상으로만이 아니라 수평적으로도 상호작용하며 또한 결정도 재화나 서비스와 마찬가지로 표준화되지 않고 주문에 따라 이루어져야 한다는 것.

• 기술의 발전이 반드시 「진보」를 가져오는 것은 아니며 또한 실제로 이를 조심해서 관리하지 않으면 이미 이룩해 놓은 발전을 파괴할 수도 있다는 것.

• 대부분의 사람들에게 있어서 작업은 다양하고 비반복적이고 책임을 수반하는 것으로서 개개인의 분별력·평가능력·판단능력을 요구하는 것이어야 한다는 것.

이를 요약하면 다음의 표와 같다.

산업주의와 초산업주의의 경영상 가정들의 비교

베일이 알았던 것
a. 대부분의 사람들은 생활에서 동일한 것을 요구한다는 것. 그리고 그들에게는 경제적 성공이 궁극적 목표이기 때문에 그들에게 동기를 부여하는 방법은 경제적 보상을 제공하는 일이라는 것.
b. 회사는 크면 클수록 더 좋고 강력하고 이윤이 높아진다는 것.
c. 일차적 생산요소는 노동·원료·자본이며 토지는 아니라는 것.
d. 각각의 산출 단위가 서로 다른 개별적인 수공업 생산보다 표준화된 재화 및 서비스의 생산이 보다 능률적이라는 것.
e. 가장 능률적인 조직방법은 각 하부조직이 하나의 위계체계 안에서 항구적이고 분명히 정의된 역할을 갖는 관료체제 ─ 요컨대 표준화된 의사결정의 생산을 위한 조직기구 ─ 라는 것.
f. 기술의 발전이 생산을 표준화하여 「진보」를 가져 오는 데 도움이 된다는 것.
g. 대부분의 사람들에게 있어서 작업은 일상적·반복적이고 표준화된 것이라야 한다는 것.

베일이 몰랐던 것
a. 일단 기본적인 생계 욕구가 충족되고 나면 대부분의 사람들은 생활에서 똑같은 것을 원하지 않는다는 것. 그리고 경제적 보상만으로는 그들에게 동기를 부여할 수 없다는 것.
b. 기업 및 정부조직 양자에 있어서 규모의 경제에는 상한선이 있다는 것.
c. 정보는 토지·노동·자본·원료에 못지않게, 어쩌면 그보다 더욱 중요하다는 것.
d. 우리는 공장에서의 대량생산을 탈피하여 정보 및 초기술에 기초한 새로운 「수공업」 또는 「두뇌공업」 생산체제로 나아가고 있다는 것. 그리고 이 체제의 최종 산출은 표준화된 수백만 개의 동일한 가공품이 아니라 「주문화한」 재화 및 서비스라는 것.
e. 최선의 조직방법은 관료주의적인 것이 아니라 애드호크러시적인 방법이라는 것. 즉 각 조직의 구성요소는 조립식·일회적이고 각 단위는 다른 여러 단위들과 위계질서상으로만이 아니라 수평적으로도 상호작용하며 또한 의사결정도 재화나 서비스와 마찬가지로 표준화되지 않고 주문에 따라 이루어져야 한다는 것.
f. 기술의 발전이 반드시 「진보」를 의미하는 것은 아니며 또한 실제로 이를 조심해서 관리하지 않으면 이미 이룩해 놓은 발전을 파괴할 수도 있다는 것.
g. 대부분의 사람들에게 있어서 작업은 다양하고 비반복적이고 책임을 수반하는 것으로서 개개인의 분별력·평가능력·판단능력을 요구하는 것이라야 한다는 것.

8. 임시적 목표

해설

경제가 매시간마다 더욱 복잡 다양해지는 상황에서 많은 회사들이 자기동일성 위기에 깊이 빠져들게 되는 것은 필연적이다.

환경이 분화되면 될수록 자기의 사업분야가 무엇인지를 인식하는 일이 더욱 중요해지며 또 더욱 어려워진다.

기업의 자기규정(self-definition) 문제는 모든 회사에서 제기되고 있다. 우리 회사는 골프공 제조업체인가 아니면 레저산업체인가? 우리 항공회사는 호텔을 직영해야 할 것인가? 우리 회사가 영화회사와 사탕 플랜테이션을 경영하고 있다고 한다면 항공 전자공학제품 생산 여부를 결정하는 데 도움이 될 기준은 무엇일까? 또 우리 회사가 컴퓨터 임대업체나 보험회사라 할 때 하필이면 저작권 대행회사를 소유하는 이유가 무엇인가? 이 모든 문제들은 자기규정의 문제를 제기한다.

회사는 재정적 기준을 초월하는 어떤 일관성있는 프로그램이나 임무 같은 것을 가지고 있어야 하는가? 이윤 요건만 충족된다면 어떠한 사업을 결합해도 상관없는 것인가? 요컨대 자기동일성이라는 것이 중요한 문제인가?

AT&T사의 경우 고참들이「평범한 구식 전화서비스(POTS/plain old telephone service)」라고 부르던 것이 그 기본 제품이었을 때는 보편적 서비스가 이 회사를 개념적으로 결속시키는 아교 역할을 했다. 그러나 급속도로 변화하고 보다 복잡해지고 끊임없이 탈대중화하는 환경에서 POTS만으로는 불충분해졌다. 따라서 회사 업무가 본질적으로 전화기 임대사업인지 아니면 전화교환 네트워크 제공사업인지를 분명히 하는 것이 매우 중요한 문제가 되었다. 그렇다면 어떠한 종류의 시설을 어떠한 목적으로 제공할 것인가? AT&T사는 컴퓨터 사업체인가? 앞으로 컴퓨터 사업을 해야 할 것인가? 전화교환 네트워크 그 자체가 거대한 컴퓨터인가? 이것 때문에 회사가 좋든 싫든 정보산업에 뛰어들게 되었는가? 물론 이 회사가 발행하는 전화번호부 때문에 이 회사는 정보수집업체 및 출판 회사가 되기도 했지만 그렇다고 해서 다른 종류의 데이타까지 수집 배포하는 업무도 해야 할 것인가? 만일 미국 정부가 다른 회사들의 시설을 AT&T사 전화선에 연결하도록 허용한다면 서비스의 질은 누가 책임져야 할까? 만일 AT&T사의 책임이 아니라면 보편적 서비스는 과연 누가 책임질 것인가?

이런 문제와 또 이와 유사한 다른 문제들에 대한 해답이 없는 상태에서 경영자가 어떻게 자원을 현명하게 배분할 수 있단 말인가?

일관성있는 사명감이 강력한 도구를 제공해 준다. 그것은 의사결정자들이 혼란과 복잡함을 헤쳐나가도록 도움을 줄 수 있다.

실제적인 면에서 그것은 의사결정자들에게 무엇을 해야 할지를 가르쳐 주는데 그치지 않고 한 걸음 더 나아가 무엇을 하지 말아야 할지도 가르쳐 줄 수 있다는 점이 더 중요하다.

그러나 북아메리카에 전화기가 극소수였던 당시에 작성된 업무지침서, 즉 회사에게 팔방미인이 되라고 권하는 업무지침서는 과잉선택(overchoice) 문제에 대응하는 데 별 도움을 주지 못한다. 시대착오적 가정들에 바탕을 둔 보편적 서비스의 낡은 사명감은 더 이상 AT&T사의 의사결정자들에게 지침을 제공할 수 없게 되었다. 그것은 가지수가 늘어난 전략적 가능성들의 메뉴에서 선택하는 문제에 도움을 주지 못하고 그 대신 모든 가능성들을 사실상 동등한 것으로 만들어 버렸다.

벨사의 존재이유가 이제는 근거를 상실하게 되었다. 이것이야말로 다름아닌 자기동일성 위기였다.

그 위기는 아직도 끝나지 않았다. AT&T사가 고도로 한정되고 규제된 회사로부터 대체적으로 탈규제화된 회사로 이행함에 따라 수없이 많은 새로운 기회들이 주어지게 되었다. 이 회사의 경영자들은 거의 하룻밤 사이에 과소선택으로부터 과잉선택으로 옮아가게 되었다. 그러나 자기규정의 참다운 과정은 이제 바로 시작된 데 불과했다.

오늘날 변화의 소용돌이에 휩말려 있는 수많은 다른 회사들의 경우도 사정은 대동소이하다. 그러나 벨사 경영자들이 자진해서—정부의 명령으로 강요당하기 여러 해 전에—실시했

던 그 고통스러운 자기반성을 해볼 태세가 되어 있는 회사가
지금은 과연 몇이나 될까?

보고서

산업주의시대의 기업인들이 일련의 원리 또는 기대가능성 (expectation)들을 체득했던 것과 마찬가지로 대기업을 이끌고 초산업주의 혁명을 헤쳐나갈 책임을 지고 있는 기업인들도 역시 일련의 기대가능성들을 지침으로 삼아 기업을 운영해야만 한다. 적절한 목표들을 설정하려면 초산업주의 사회의 모델을 만들어 놓고 여기에서 원리들을 추론해 내는 수밖에 없다.

벨사는 이러한 모델을 갖고 있지 못했기 때문에 옛 목표들이 성취되고나자 새로운 목표들을 설정하는 데 어려움을 겪고 있다. 1950년대 중반까지만 해도 벨사의 경영자들은 「보편적 서비스」라는 단일 목표만 가지고도 충분히 의사결정을 내릴 수 있었다. 그러나 제품·서비스·기술적 옵션·소비자 요구 등이 다양해지고 과잉선택의 상황이 조성됨에 따라 과거와 같은 뚜렷한 비전은 가질 수 없게 되었다.

말의 차원에서는 지난 날의 이상이 여전히 우세했다. 그러므로 어떤 고위 간부에 의하면 적어도 1960년대까지만 해도 『만일 누군가가 이 회사의 회장(또는 그 당시의 사장)에게 이 회사가 무슨 사업을 하느냐고 물으면 그는…「우리 회사는 누구라도 갖고 있는 모든 통신수요를 충족시켜 주는 일을 하고 있다」고 내답했을 것이다.』[95]

그러나 행동의 차원에서는 이러한 처방은 무익하다는 것이 더욱 더 입증되었다. 기술적·경제적 선택 가능성들 중에서 신속하게 어려운 선택을 해야만 하는 상황에 처하게 되자 벨사의 경영자들은 이제는 벨사가 더 이상 팔방미인 노릇을 하기가 불가능해졌음을 깨닫게 되었다. 이제 필요한 것은 새로운 —그리고 보다 폭이 좁은—사명감이었다.

어떤 목표가 유용성을 가지려면 그것은 한정된 것이라야 한다. 그것은 AT&T사 경영자들이 하지 말아야 할 일이 무엇인가를 결정하는 데 도움을 줄 수 있는 것이라야 한다.

또한 유용한 목표는 그밖의 다른 기준들도 충족시켜야 한다. 그것은 회사 전체를 통해 커뮤니케이션 구실을 할 수 있을 만큼 간단명료하여 심지어 갓들어온 교환원이나 설비공조차도 이해할 수 있는 것이라야 한다. 그것은 도덕적인 활력을 가지고 벨사의 종업원들에게 그들의 활동에 관해 도의심을 함양할 수 있는 이미지를 제공해 주는 것이라야 한다. 그것은 또한 사회 전반의 보다 큰 목표들과 부합되는 것이어야만 하며 또 외부사람들로 하여금 벨사가 무엇을 하며 왜 그 일이 중요한가를 이해하도록 하는 데 도움을 줄 수 있어야 한다. 그것은 순수한 경제적 요인들 뿐 아니라 사회적 요인들도 염두에 두는 것이어야 한다. 그리고 그것은 처음부터 일시적인 것으로, 즉 계속적인 재검토의 대상이 되는 것으로 인식되어야 한다.

앞서 설명한 초산업주의의 모델로부터 출발할 때, 그리고 이 모델에서 얻어지는 경영상의 가정들로부터 출발할 때 가까운 장래에 추구해야 할 벨 시스팀의 새로운 목표를 설계할 수 있을 것이다.

필자는 벨 시스팀의 목적을 설비의 생산에 두어서는 「안된다고」 주장하고자 한다. 그 목적은 회선망을 운영하는 데 있지 않으며 모든 가정에 제2, 제3의 핑크색 전화기를 공급하는 데 있지도 않다. 더구나 이 사회의 누군가가 생각해 내어 댓가를 지불하고자 하는 모든 커뮤니케이션 수요를 충족시키는 데 있는 것도 아니다.

그대신 필자는 가까운 장래에 벨 시스팀이 추구해야 할 목적은 다음과 같이 정리할 수 있다고 생각한다.

> 벨사의 사명은 다른 회사들이 벨사와 동등한 수준의 비용·품질 및 사회적 관심을 가지고 제공할 수 없는 제품 및 서비스를 공급함으로써, 「그리고 오직 이러한 제품 및 서비스만을 공급함으로써」 미국에 기술적으로 가장 앞선 음성 및 데이타의 통신체제를 보장해 주는 데 있다.

현재 우선순위가 높은 문제조차도 제대로 다룰 수 없도록 만들고 있는 팔방미인적인 모호한 정책 대신에 필자는 벨사가 독특한 원리를 채택하여 그 경영자들로 하여금 부차적인 중요성밖에 없는 활동이라든가 보다 중요한 다른 활동을 방해하는 활동, 또는 새로 등장하는 초산업사회의 환경에 기업이 적응해 나가지 못하도록 하는 활동 등을 솎아내도록 해야 한다고 제안하는 바이다.

아래에 제시하는 프로그램을 잘 검토해 보면 그것이 벨 시스팀의 해체를 위한 프로그램이 아니라 필자가 「벨 통신 콘스털레이션(Bell Communications Constellation)」이라고 부르는 보다 큰 영역으로의 극적인 「통합 확대」를 위한 의식적인 프로그램임을 알 수 있을 것이다. 이 「콘스털레이션」은 벨 시스팀 자체와 수많은 연관 회사 및 조직체들로서 구성될 것이며 벨사의 목표달성과 관련된 사업들은 벨사에 의해 지원·조정·평가·감독받게 될 것이다. 매단계마다 탈중앙집권주의적 경향이나 권력의 이양은 이에 상응하는 중심부(center)의 강화를 수반하게 된다.

이 나라의 급증하는 통신수요는 이처럼 보다 큰 영역에서의 통합을 통해서만 충족될 수 있다. 이것을 단순히 무제한한 확장정책을 통한 기존 벨 시스팀의 확대에 의해 달성하고자 시도한다는 것은 매우 위험한 일로서 그것은 벨사의 기동성을 위협하고 그 적응력을 둔화시키고 고용규모를 대폭 확대하고 이 회사의 자본 수요를 극도로 증가시키며 그 규모만으로도 건전하고 필연적인 수준을 훨씬 넘는 정치적 반대를 불러일으키게 될 것이다.

여기서 의도하는 것은 새로운 스타일의 초산업주의적 벨 시스팀을 창조하여 이 회사의 비대체성(non-fungibility)에서 근로의욕과 추진력, 그리고 사회적 역할을 찾도록 하자는 데 있다. 이 시스팀의 사업은 매년 변화하고 내부구조도 달라지고 규모도 변동을 겪겠지만 이 기간중 이 시스팀의 고정된 사명은 수요와 기술적 능력이 수렴해 가는 동안에 미국의 통신시스팀을 결합시켜 주는 쐐기 역할과 함께 이 시스팀을 앞으로 밀고 나가는 추진바퀴의 역할을 아울러 수행하게 될 것이다.

우리가 벨 시스팀의 사회적 기능을 진지하게 생각하고 또 그 경제적 존재가 이와 같은 사회적 기능의 수행에 도움이 된다고 생각할 때 이 목표로부터 일련의 기본적인 명제들이 도출된다. 여기에는 현재 벨 시스팀이 수행하고 있는 일부 기능들이 비용·질·사회적 혜택에 관한 일정한 기준의 범위내에서 어떤 다른 기업체에 의해 적절하게 수행될 수 있다는 것이 밝혀지는 즉시 이들을 외부화 또는 분리시킨다는 생각이 함축되어 있기 때문이다. 또한 여기에는 지금은 미개발 상태에 있으나 훨씬 더 많은 관심을 기울일 필요가 있는 특정한 기업 기능들을 확대한다는 생각도 함축되어 있다. 국가의 경우와 마찬가지로 일부 권력은 중심으로부터 「아래로」, 또 일부 권력은 「위로」 흘러가야 한다.

더구나 이 새로운 목표는 여러가지 기능들을 그 수행능력을 갖춘 다른 회사들에게 이양한다는 것을 함축하고 있기 때문에 한 걸음 더 나아가 벨사 「자체의 기능들도 계속 변화하리라는 것」, 또한 벨사는 통신시스팀의 다른 참가자들보다 항상 몇 걸음 앞서 있게 되리라는 것을 함축하고 있기도 하다. 이 말은 벨 시스팀 기능에 관한 정태적이 아닌 동태적 개념을 나타내는 것이며 따라서 보다 더 동태적인 조직형태가 필요함을 나타내는 것이기도 하다.

요컨대 이 목표를 진지하게 추진해 나가자면 벨 시스팀의 대폭적인 개편이 필요할 것이지만 그것은 앞으로 펼쳐질 고속 변화의 긴장을 이겨낼 수 있는 보다 융통성있는 조직을 탄생시키게 되리라는 것이 필자의 생각이다.

내일의 구조

9. 조직상의 문제

해설

현재 밀어닥치고 있는 변화 속에서 살아남으려면 우리는 낡은 조직들이 기초하고 있는 모델들 자체를 재검토할 태세를 갖추지 않으면 안된다.

이 장부터는 기업활동에 관한 새로운 사고방식을 제시하고자 한다. 기업체는 재래식의 경직된 부서 대신에 「프레임워크(framework)」와 「모듈(module)」들로 구성되는 고도로 융통성있는 구조로 분할된다. 그것은 하나의 고립된 단위로 취급되는 대신 관련회사와 조직체 및 대행기관들의 이동하는 「콘스털레이션」의 일부로서 그 중심부에 위치를 갖는 것으로 묘사된다. 이렇게 하면 적응력있는 조직체에 관한 강력한 모델을 얻을 수 있다는 것이 필자의 생각이다.

프레임워크는 하나의 엉성한 조정장치로서 일련의 임시적인 조립단위들을 묶은 것이다. 콘스털레이션은 회사와 회사가 의존하는 독립적 또는 준자치적 외부 조직들로서 구성된다. (이것은 조직이론가인 그로스⟨Bertram M. Gross⟩가 처음 제시한 「콘스털레이션」 개념을 수정한 것이다.)

앞으로 이 책에서는 이 개념을 벨 시스팀에 구체적으로 적용해 보고자 한다. 아래의 보고서에서는 세계 최대의 회사를 어떻게 해체하여 재설계할 수 있는가를 제시하고 또 그 산하의 여러 자회사들의 기능을 어떻게 하면 기업 자체와 사회 전반에 도움이 되는 방법으로 재배분할 것인가를 제시했다.

그러나 모듈 및 프레임워크의 기능이 갖는 의미를 살펴보기 전에 우선 오늘날 회사들이 직면하고 있는 가장 일반적인 세 가지 문제들—조직상의 부조화, 하향식 위계체계에 대한 과잉의존, 그리고 조직상의 군살 등 경영자들이 큰 것은 무조건 좋다고 생각하는 데서 일어나는 문제들—을 잠시 살펴보기로 한다.

큰 회사의 중역들은 누구나 이러한 상황에 익숙해져 있다.

한 가지 불분명한 것은 이러한 상황에 어떻게 대응해야 하는가 하는 점이다. 필자가 처음 현장에 가보았을 때 AT&T사는 분명히 이 세 가지 문제를 모두 안고 있었다. 필자는 프레임워크/모듈 구상이 갖는 중요성을 완전히 파악하려면 먼저 이 문제들을 보다 잘 이해할 필요가 있다고 생각했다.

보고서

산업주의적 환경으로부터 초산업주의적 환경으로의 외부적 환경변화는 오늘날 벨 시스팀을 포함한 대부분의 대규모 조직들의 구조에 근본적인 변화를 요구하게 될 것이다.

앞으로 요구될 기본적 변동은 키오프스([역주] Cheops, 기자(Giza)의 대피라미드 건설자인 이집트 제4왕조)의 피라미드와 콜더(Alexander Calder)의 「모빌」([역주] mobile, 움직이는 부분이 있는 추상파 조각)간의 차이로 상징될 수 있다. 고전적인 산업주의적 관료체제는 피라미드적인 구조를 가지고 있어 맨 위에 소규모의 통제그룹이 있고 그 밑으로 항구적인 기능적 부서들이 배열되어 있다. 초산업주의적 기업형태는 소규모이고 임시적인 다양한 「모듈」들이 늘어뜨려져 있는 빈약하고 반(半)영구적인 「프레임워크」로 이루어지는 경우가 많다. 이 모듈들은 콜더의 구조물 부분들처럼 변화에 따라 움직인다. 이것들은 외부세계의 변동이 요구하는 바에 따라 분리되거나 재배열될 수 있다.

이같은 프레임워크-모듈 배열이 벨사에 어떻게 적용되는지를 아래에 설명하고자 한다. 우선 초산업주의 혁명이 조성한 세 가지 조직문제들을 검토해 볼 필요가 있다.

부조화

대부분의 회사들에서는 기존의 조직구조들이 소수의 기본적인 결정을 반복적으로 산출하도록 설계되어 있다.

전통적인 관료제도에서는 환경내의 각 문제마다 이에 상응하는 조직의 구성요소—유통·제조·금융 등—가 있다. 문제의 형태가 제한적이고 반복적이기 때문에 마치 구식 배전판에 잭(jack)을 끼워 넣듯이 문제들을 그저 적당한 부서에 꼽기만 하면 된다.

그러나 오늘날에는 조직의 어떤 구성요소에도 꼭 들어맞지 않는 문제가 더욱 더 많이 발생하고 있다. 우리는 원형의 잭 대신에 갑자기 기존의 어느 조직단위에도 들어맞지 않는 정사각형·직사각형·다각형 등의 잭에 직면하게 되었다. 더구나 그것들은 더욱 더 빠른 속도로 나타나고 있으며 새로운 문제들이 어떠한 순서로 발생할지를 예측하기가 더 한층 어렵게 되었다.

그 결과 어떤 특정한 싯점에 존재하는 조직구조와 그 싯점의 요구사항들이 부조화를 이루는 경우가 늘어나고 있다. 부적당한 문제들이 부적당한 부서에서 해결책을 구하게 되며 또는 문제를 잘못 인식하여 기존의 조직 라인에 맞도록 왜곡시키거나 항구적인 「완벽한」 조직을 모색한다는 헛된 노력으로 조직 라인 자체를 끊임없이 개편하게 된다.

이에 따라 구조적 비능률이 증대하고 기구개편이 계속되어 새로 작성한 조직도표는 모두 단명하고 만다.

소단위의 차원에서는 변화—소비자 요구, 사회적 추세, 정치 세력, 인구 등—의 가속화에 따라 기업체는 더욱 더 빠른 속도로 진행되는 「1회」만의 기회와 문제들에 직면하게 된다. 변화의 속도가 빨라질수록 사회의 계속성은 줄어들고 또 내일의 문제가 오늘의 문제를 닮을 가능성이 희박해진다.

그러나 「일회적」 또는 일시적 문제를 해결하려면 「일회적」 또는 일시적 조직이 필요하다. 일정한 시간이 지나면 존재하지 않게 될 문제를 다루기 위해 본격적이고 항구적인 구조를 만든다는 것은 분명히 비능률적이다. 그 결과 필연적으로 모듈적·임시적·자동해체적(self-destruct) 단위들—기동 대책반·문제해결 팀·애드호크 위원회(ad-hoc committee) 등 특수하고 임시직인 목적을 위해 구성하는 그룹들—이 늘어나게 된다. 그 중에는 미항공우주국(NASA/National Aeronautics and Space Administration)처럼 매우 큰 것도 있을 수 있다. 여러 해 동안 존속하도록 만든 것도 있을 것이며 불과 몇년 동안 존속하는 것도 있을 것이다.

20세기의 남은 기간 동안에 변화가 급격히 가속화한다는 것이 사실이라면 우리는 여러가지 임시적 목적을 위해 만든 조직체 및 소조직체들의 수가 대폭 늘어나리라고 예상해야 한다. 항구적 형태에서 애드호크러시적 형태로의 이같은 이행은 사실상 고속도의 사회변화의 요구에 대한 대폭적이고 근본적인 사회적 적응이다.

위계체계

지휘계통을 따라 명령이 원만하게 하달되는 수직적 위계체계는 오랫동안 극히 능률적인 체계로 간주되어 왔다. 이것은 산업주의시대의 조직체들을 특징짓는 통제형태이다.

그러나 이 관리체제는 현장으로부터의 대규모적이고 정확한 피드백(feedback)과 필요한 의사결정 형태의 상대적 동질성이라고 하는 두 가지 요인에 의존하고 있다. 의사결정자들이 직면하는 문제들이 반복적이고 그 형태가 몇 안되는 경우에는 경영자들은 이 문제에 관해 대량의 정보를 수집할 수 있고 또한 종전의 시행착오로부터 유용한 경험을 축적할 수 있다.

오늘날에는 엄격한 수직적 위계체계가 그 효율성을 상실하고 있다. 그것은 그 성공을 위한 두 가지 근본적인 조건이 소멸되고 있기 때문이다. 의사결정자들은 더욱 더 다양한 형태의 결정의 필요에 직면하고 있기 때문에 그 모든 복잡한 기술적·경제적 결정들과 함께 더욱 더 정치적·문화적·사회적인 책임을 짊어지게 되었다. 또한 현장으로부터의 피드백도 갈수록 그 정확성이 떨어지고 있다.

절대값으로 말한다면 경영자들에게 상달되는 정보의 흐름은 역사상 미증유의 수준으로 늘어나 개별 경영자가 흡수·대응할 수 있는 정도를 크게 상회하고 있다. 그러나 경영자가 직면한 문제의 규모와 다양성, 그리고 가속화한 속도에 비해서는 피드백이 극도로 빈약한 실정에 있다.

초산업주의 혁명은 기업체가 기능하는 경제적·기술적·사회적 환경을 크게 다양화하고 있으며, 또한 기업체의 보다 다양하고 신속한 반응을 요구하고 있다. 요구·기회·압력의 패턴이 그 어느 때보다도 신속하게 바뀌고 있기 때문에 관계 정보가 여러 단계의 위계체계로 상달되거나 최고경영자가 어떤 특정한 종류의 문제에 관해 많은 경험을 축적할 수 있는 시간적 여유가 줄어들고 있다. 상·하간의 거리는 단순히 조직단계의 규모나 수에 관한 문제일 뿐 아니라 처리해야 할 자료의 다양성과 관련된 문제이기도 하다.

그 결과 오늘날 효율적인 결정은 점점 더 조직내의 낮은 단계에서 이루어져야만 하게 되었다. 그러므로 참여요구는 정치적 이데올로기에서 비롯되는 것이 아니라 현재와 같은 체제로는 급속히 변동하는 환경에 효과적으로 대응할 수 없다는 인식에서 비롯된다. 정치적 탈중앙집권화, 세입배분, 민중의 참여, 지방자치 등에 대한 요구가 나타나고 있는 것은 바로 이러한 이유 때문이다.

규모

많은 기업체들, 특히 AT&T사는 더 이상의 성장이 사회의 이익에 반할 뿐 아니라 회사 주주들의 이익에도 배치될지 모를 가능성에 직면하고 있다. 「포천」지는 1972년 5월에 미국의 대기업들에 관해 다음과 같이 보도했었다. 『500대기업은 전통적으로 군소기업보다 높은 주식배당과 이윤폭을 누려왔다. 그러나 이 두 가지 점에 관한 대기업들의 잇점은 지난 8~9년 동안 크게 깎여 나갔으며 지난 해의 경기회복 중에서도 이 추세가 역전될 징조는 나타나지 않았다.… 상당수의 대기업들은 최적 이윤을 실현할 수 있는 적정규모를 이미 초과하고 있을 가능성이 있다고 생각된다. 즉 회사의 규모가 더욱 더 규모의 비경제를 나타내고 있다.』[96]

이 보고서의 목적은 벨사를 규모의 효과라는 측면에서 분석하는 데 있지 않다. 그러나 그것이 심각한 문제라는 점은 의심할 여지가 없다. 현재의 성장곡선을 1985년까지 그대로 연장하면 회사가 동세력을 잃고 폭발해 버리는 모습을 그리게 된다.

벨사가 향후 10년 동안 직면하게 될 과제는 어떻게 하면 거인증으로 인한 의사결정 동맥의 경화와 궁극적인 파멸을 겪지 않고 일반대중과 주주들에 대한 공약을 이행할 수 있겠는가 하는 것이다. 필자는 이 문제의 해결책은 앞서 열거한 자원결합의 부조화 및 위계적 통제에 관한 문제들과 밀접하게 관련되어 있다고 믿는다.

이상 세 가지 조직상의 문제들은 AT&T사가 향후 10여년 동안에 피라미드형이 아닌 모빌형 모델에 따라 훨씬 더 융통성있는 조직구조로 발전해야 하리라는 것을 말해 주고 있다.

문제의 핵심은 앞으로 수십년 동안 미국의 통신체제가 200~300만 또는 그 이상의 사람들의 서비스를 필요로 하기는 하겠지만 그 어느 문서에도 그들 모두가 벨 시스팀 종업원들이라야만 한다고 쓰여 있지는 않다는 점을 인정해야 한다는 데 있다. 그들 모두를 단일 기업체에 고용하지 않고서도 여러 회사와 조직체들로 구성된 콘스털레이션의 활동들을 통합할 수 있을 것이다.

초산업주의적 기업의 형성

10. 모듈의 기능

해설

『지금 미국은 전세계에서 가장 훌륭한 전화시스팀을 갖고 있는 데도 왜 사람들은 AT&T사에 대해 말이 많은가?』

이 질문은 지금도 거듭되어 제기되고 있다. 여러가지 복잡한 답변이 제시되었지만 그 대부분은 국민들에 의해 거부되었다. 그러나 진정한 답변은 간단하다. 설사 전세계에서 가장 훌륭한 것이라 하더라도 전화시스팀이 만족스럽지 못하기 때문이다.

공장굴뚝 단계를 벗어나고 있는 나라는 음성 대 음성 통신과 함께 방대한 양의 컴퓨터 데이타, 비디오 영상 등 여러가지 메시지를 이동시키기 위한 탈중앙집권화된 고속·고용량의 회선망을 필요로 한다.

미국은 전화시스팀의 이러한 부가장치들이 없이는 단 5분도 움직일 수 없는 실정이었다. 그리고 대분열이 있기 전의 AT&T사의 과잉규모·과잉집중·과잉제약적 조직을 가지고는 참다운 21세기적 통신시스팀을 이룩할 수 없었다.

이것이 바로 AT&T사의 변혁의 바탕에 깔린 구조적 이유이며 오늘날 영국·서독·프랑스·일본 등이 모두 자국 전화회사들의 개편을 계획하고 있는 이유이기도 하다. 이 모든 나라들은 중앙집권론자와 탈중앙집권론자, 국영화론자와 민영화론자들로 나뉘어 아직 새로운 조직의 정확한 형태에 관해 번민하고 있는 가운데 새로운 AT&T사를 큰 관심을 가지고 연구하고 있다.

AT&T사의 낡은 구조를 그대로 유지했더라면 미국은 벌써 오래 전에 세계에서 가장 앞선 전기통신국가로서의 지위를 상실했을 것이다. 그러므로 필자가 이 보고서를 집필했던 1972년 당시에 벌써 미국은 낡은 시스팀을 해체할 것이냐 하는 문제가 아니라 그것을 어떻게 해체하느냐 하는 문제에 직면하고 있었다.

이 장에서 필자는 처음으로 벨사 해체를 위한 실제적 전략을 제시하기 시작했다. 이 때문에 필자는 여러 사람의 감정을 상하게 했다. 필자는 프레임워크와 모듈이라는 개념을 사용하여 이 회사의 핵심 기능들을 분리시킬 것을 요구했고 또한 벨사의 수직적 통합정책을 공박했다. 필자는 미국 정부의 웨스턴 일렉트릭사 분리 요구와 자체 제조부문을 계속 소유하겠다는 AT&T사의 신학적 고집 모두에 이의를 제기했다. (필자는 두 가지 입장이 모두 핵심을 벗어난 것이라고 생각했다.)

더욱 중요한 것은 이 보고서에서 제안한 전략이 회사내에서의 R&D의 역할을 재규정하고 정예의 연구단위를 「기업창출자(enterprise-generator)」겸 수익실현 단위로 전환시킬 수 있음을 지적하고 있다는 점이다. (벨 연구소의 장래가 여기에 달려 있는 데도 불구하고 유감스럽게도 필자가 아는 한 이 제안은 아직 실현되지 않고 있다.)

끝으로 — 그리고 이것이 가장 뜨거운 논쟁점이었다 — 필자는 AT&T사가 자체의 운영회사를 전연 소유할 필요가 없다고 제안했다. 1972년 당시만 해도 이러한 제안은 수락될 수 없는 깜짝 놀랄 만한 아이디어였다. 필자는 벨사의 경영층과 완전히 소원해지지 않고자 하는 마음에서 이 아이디어를 최대한 조심스럽게 제시했었다. 그러나 필자는 최소한 부분적으로라도 이 운영회사들을 분리시키는 것이 벨 시스팀 재편성의 필수적 요소라고 생각했다.

그 당시 AT&T사의 내부직 토론에서 이난석 제안으로 취급받았던 이 제안이 미국과 전세계에서 시끄러운 논쟁을 불러일으켰다. AT&T사는 이 전략 중의 일부를 채택함으로써(또는 채택하도록 강요받음으로써) 스스로를 미증유의 위험에 노출시키게 되었다고 주장할 수도 있을 것이다. 그러나 필자는 여기서 제시한 일반적 방향으로 나아가지 않았더라면 비단 AT&T사만이 아니라 미국 전체가 더욱 큰 위험에 처하게 되었을 것이라고 믿었으며 지금도 그렇게 믿고 있다.

보고서

우리는 미래의 벨 시스팀을 미국의 음성 및 데이타 통신 능력 유지 및 더 한층의 발전을 위해 일하는 회사와 조직체들의 거대한 콘스털레이션의 정보센터로 상상해 볼 수 있다. 벨사가 이러한 방식으로 기능하려면 더 이상 성장할 필요가 전연 없다. 실제로 콘스털레이션 자체는 미국의 통신수요와 함께 확대되어 갈 것이 틀림없지만 이 콘스털레이션의 중심부 또는 핵심인 벨사는 더 한층 간편하고 단단하고 강력해질 수 있을 것이다. 이 시스팀의 영향력과 통신업무 통합능력은 크게 확대될 것이다.

그러므로 벨사는 신중을 기해 기술의 질, R&D, 주요 투자정책의 결정, 기획, 훈련, 조절업무와 그밖에도 아래에 상세하게 검토하게 될 여러가지 기능들을 엄격하게 관장해야만 할 것이다.

이러한 정책들—한편으로는 콘스털레이션의 창설과 특정한 기능의 외부적 이동, 그리고 다른 한편으로는 벨 시스팀 통제기능의 강화—을 결합함으로써 AT&T사는 다음과 같은 일을 할 수 있을 것이다.

- 성장의 규제.

- 고용 감축.

- 직접적 자본부담의 축소.

- 기업 고위층의 의사결정 부담 축소.

- 자원배분의 신축성 제고.

- 벨 시스팀과 이해관계가 중복되는 전국적·지역적 납품업체들의 거대한 네트워크와 콘스털레이션 가입회사들의 창설에 의한 자체의 대폭적인 정치적 강화.

필자의 견해로는 이러한 변화들이 고도의 새로움에 대처하고 새로운 실험을 하고 오류나 파국의 충격을 억제하고 리더십을 본질적 제품으로 삼는 조직체로 스스로를 변혁시키는 기업의 능력을 제고시켜 줄 것이라고 본다.

가장 중요한 것은 이러한 정책들의 결합이 AT&T사의 피라미드적 조직으로부터 반영구적인 「프레임워크」와 지속성이 적은 「모듈」 조각들에 토대를 둔 초산업주의적 형태로의 근본적 전환을 가능케 해주리라는 점이다. (그러므로 필자는 이 보고서의 뒷부분에서 「모듈적 기능」과 「프레임워크적 기능」을 구별하게 된다.)

콘스털레이션의 창설은 벨사 그 자체로부터 콘스털레이션 형성을 돕게 될 다른 회사 또는 조직체들로 특정 기능들을 외부적으로 이전하는 것에서 출발해야 할 것이다. 그러므로 벨사의 경영자들은 소기의 목표를 추구하는 과정에서 이전 대상이 될 다음과 같은 몇몇 후보 분야들에 각별한 관심을 기울여야 한다.

1. 단순·반복적인 산업주의 스타일의 작업을 수반하는 활동.
2. 자본집약적인 활동.
3. 사회적·정치적으로 논란거리가 되는 활동.
4. 어떤 다른 사람의 역량에 의존하여 보다 경제적으로 수행할 수 있는 활동.

이러한 기준들을 염두에 두고 현재의 조직을 검토해 보기로 하자.

웨스턴 일렉트릭사

역사적으로 AT&T사의 비판자들은 웨스턴 일렉트릭사가 설비가격을 부풀리는 방법으로 벨사의 수익을 늘리고 있다는 이유로 웨스턴 일렉트릭사의 분리를 요구해 왔다. AT&T사는 이에 대한 반론으로 웨스턴 일렉트릭사가 어느 업체보다도 싼 값으로 우수한 설비를 생산할 수 있으며 또 이 회사는 R&D

과정에 밀접하게 연결되어 있기 때문에 벨 시스템의 일부로 남아 있어야 한다고 주장했다.

그러나 이 논쟁이 비록 과거에는 중요한 의미가 있는 것이었을지라도 어떤 보다 큰, 그리고 필자의 견해로는 보다 중요한 특정한 문제들의 초점을 흐리게 하고 있다고 생각한다. 이보다 큰 문제들이라고 하는 것은 AT&T사가 장래에 어떠한 종류의 기업이 되고자 하는가와 관련된다.

지금까지도 웨스턴 일렉트릭사의 중역들은 「생산이냐 구매냐」의 여부를 결정하는 과정에서 대체로 무의식적으로 웨스턴 일렉트릭사의 미래를 형성해 왔다고 할 수 있다. 이러한 결정들은 경제성·전략·복잡성에 관한 여러가지 고려사항을 토대로 이루어져 왔다. 따라서 매킨지사는 웨스턴 일렉트릭사에 관한 보고서에서 『생산이냐 구매냐에 관한 현명한 결정은 … 코스트 면제와 코스트 절감의 목표달성에 도움을 주며 또한 기존 공장과 자본설비의 최선의 활용을 가능케 해준다』고 설명하고 있다.[97] 여기서 일차적 중요성을 갖는 것은 경제적 고려사항이다. 웨스턴 일렉트릭사의 중역들은 또 「회사지침 10.10(Company Instruction 10.10)」에 규정된 전략적 지침들을 따르려고 시도해 왔다. 이 지침은 일반적으로 『통신사업에 해당하거나 직접 통제 또는 영향을 미치는』 품목들은 자체 「생산」하고 다만 『통신 네트워크의 필수불가결한 부분이 아닌』 품목들만을 「구매」하도록 지시하고 있다.[98] 끝으로 그들은 대상품목의 복잡성을 고려했는데 웨스턴 일렉트릭사는 상대적으로 간단한 품목들의 외부구매를 늘린다는 목표를 세워 놓고 있었다.[99]

그러나 이러한 고려사항들은 생산에 필요한 노동의 성격, 그리고 여기에서 비롯되는 조직의 종류 문제를 간과하고 있다.

오늘날 웨스턴 일렉트릭사의 종업원들은 기본적으로 다음과 같은 세 가지 유형의 노동에 종사하고 있다. 즉 1) 현장에서 습득한 기능에 기초한 전통적인 「산업화 이전의(pre-industrial)」 손작업, 2) 공장 또는 공장식 사무실에서 행하는 일상적·반복적 성격의 전통적인 「산업주의적」 작업, 3) 첨단기술에 기초한 기능, 집중적인 사전 훈련에 기초한 기능, 그리고 조사연구·시스템 디자인·복잡한 컴퓨터 프로그래밍 등에서 요구되는 바와 같이 창의적인 상징조작을 필요로 하는 「초산업주의적」 수공업 및 「두뇌작업」이 그것이다. 이처럼 우리는 웨스턴 일렉트릭사 자체의 내부에서 이미 과거·현재·미래가 나타나고 있음을 발견하게 된다.

산업혁명의 초기 단계에서 방직공업과 광업이 특징적·필수적 산업이었고 그 후의 단계에서는 화학 및 자동차산업이 뒤따랐던 것과 마찬가지로 우리는 초산업주의 사회에서도 어떤 특정한 산업들이 중요한 역할을 맡게 되리라고 예상할 수 있다. 그러한 산업들 중에는 통신·정보산업이 포함되겠지만 그 중에서도 단순히 표준적인 산업주의적 기업을 모델로 삼는 부문들은 해당되지 않는다.

내일을 특징지으면서 또 가장 필수적인 중요성을 갖게 될 산업은 일차적으로 세번째 유형의 노동에 기초하는 산업이 될 것이다. 사회는 앞으로도 계속 일상적인 산업주의적 제품을 필요로 하게 될 것이다. 그러나 이러한 형태의 노동에 기초한 산업들은 마치 지금까지 방직업과 광업이 그랬던 것처럼 명성과 중요성, 그리고 아마도 수익성면에서도 쇠퇴하게 될 것이다. 초산업사회가 전개됨에 따라 세번째 단계의 노동에 기초한 회사들이 산업의 선봉대를 형성할 것이며 또한 조만간 가장 우수한 인력·두뇌 및 금융지원을 끌어가게 될 것이다.

물론 이러한 주장은 「입증」할 수 없다. 그것은 마치 뉴 잉글랜드 지방의 방직업자들이나 웨스트 버지니아의 광산회사들이 자기들의 산업이 경제계의 중심적 역할을 상실하게 되리라는 것을 입증할 수 없었던 것과 마찬가지이다. 그러나 이 주장은 역사와 부합될 뿐 아니라 이 보고서의 기초가 된 초산업주의 모델과도 부합된다.

이것이 시사하는 바는 웨스턴 일렉트릭사가 생산이냐 구매냐를 결정함에 있어서 경제성·전략·복잡성에 관한 통상적인 기준들만을 고려할 것이 아니라 그 결정이 노동유형의 균형에 미칠 장기적인 영향까지도 고려해야 한다는 것이다. 산업주의적 조직으로부터 일차적으로 초산업주의적 조직으로 전환해 가는 웨스턴 일렉트릭사의 앞길은 간단하고 일상적인 생산기능의 일부를 떼어버리면서도 보다 복잡한 첨단적 사업활동은 계속 유지·발전시켜 나가는 데 있으며 이러한 사업활동들은 일반적으로 벨 연구소와 그 연구과정과 아주 밀접하게 관련되어 있다.

이 차이점은 전화기의 제조와 ESS의 창설간의 차이로 예시할 수 있다. 다른 회사들도 적절한 전화기를 적당한 수준의 비용과 사회적 성능하에 생산할 수 있다고 주장할 수 있겠지만 미국내의 어떤 다른 회사도 웨스턴 일렉트릭사만큼 싼 값으로 ESS 시설들을 설계·제작·설치하는 데 필요한 자원과 정밀한 기능을 동원할 가능성은 없다. 더구나 벨 시스팀의 회선망을 ESS로 전환하는 과정은 세번째 단계의 노동을 사용하는 것으로서 벨 연구소의 연구능력과 직결되어 있다.

이 목표지침에는 벨 시스팀의 작업 가운데 보다 「하기 쉬운」 일들을 다른 회사에 이양하려는 의도가 함축되어 있는데 그러한 이양은 물론 높은 수준의 기술적·경제적·사회적 성능을 보장할 수 있도록 항상 엄격한 통제하에 이루어지게 될 것이다. 웨스턴 일렉트릭사의 의사결정은 작업의 성격과 명백히 연관지어져야 한다.

벨 전화연구소

벨 연구소는 세계 최대의 지적 자원의 하나이며 벨 시스팀의 미래의 관건을 쥐고 있다. 또한 이 연구소는 벨 시스팀의 사업분야로서 대체로 다른 어떤 기업이나 기관도 잘 해내기 「힘든」 일을 맡고 있다.

벨 연구소의 성공은 지금까지 「기술통합(technical integration)」이라는 개념 — 이론과 실천, R&D와 생산간의 가능한 최대한의 결합이라는 개념 — 에 기초한 것이었다. 여기서 제안하고자 하는 것은 치명적 결과를 가져올 수도 있는 탈통합이 아니라 오히려 「벨 통신 콘스털레이션」 전반에 걸친 「기술통합의 확장」, 즉 AT&T사의 공식적 범위내에 한정되어 있는 현 시스팀의 확대이다.

이 새로운 기업목표의 제안을 진지하게 추구한다면 AT&T사는 여러가지 기능을 점진적으로 떨어버리고 다른 기업들이 이 기능을 떠맡아 「콘스털레이션」에 참여하도록 권장하게 될 것이다. 이것은 벨 연구소가 현재 웨스턴 일렉트릭사에 제공하고 있는 것과 동일한 지원의 일부를 계약조건이나 그밖의 방법으로 다른 기업체들에게도 제공하도록 요구될 수 있다는 것을 의미한다. 실제적으로 말한다면 이것은 웨스턴 일렉트릭 사가 일상적·반복적 기능의 일부를 다른 기업에 이양할 경우 벨 연구소도 하나 또는 그 이상의 비(非)벨 시스팀 회사들의 사업장에 필요에 따라 연구소의 지소를 설치하는 일이 있을 수 있다는 애기가 된다.

그러나 벨 연구소는 「기업창출자」라고 하는 또 하나의 추가적인 중요한 기능을 떠맡을 수 있을 것이다. 그 동안 벨 전화연구소(BTL/Bell Telephone Laboratory)의 여러가지 발명들은 전체 산업의 기초를 형성해 왔다. 그러나 이러한 발명들은 BTL 사업의 일차적 산물이라기보다는 오히려 그 부산물 정도로 인식되어 온 것이 사실이다. 더구나 승낙법령(consent decree) 때문에 벨사는 특허권 처분방법과 로열티 청구 가능 금액면에서 제약을 받고 있다.[100]

또 한 가지 생각할 수 있는 것은 벨 연구소를 단순히 벨 시스팀의 지원기구로 둘 것이 아니라 통신분야가 필요로 하는 신기술 산업이나 회사를 창출하는 과제를 명시적으로 부여받는 기관으로 만든다는 것이다. 그것만으로도 벨 연구소는 소극적인 라이선스 업무에서 한 걸음 더 나아가 적극적으로 그 특허권의 활용을 위해 기존의 외부 회사들과의 「잠정적 합작조건」으로 새로운 업체를 조직하도록 지원해 주게 될 것이다. 이 경우 BTL은 일정한 기간 동안 주식에 참여했다가 나중에 그 지분을 처분한다는 양해하에 고도기술 분야의 기업체를 신설하도록 도울 수도 있을 것이다. 이같은 잠정협정은 애드호크러시적·모듈적인 조직구조와도 부합되는 것으로서 지나친 경제적 집중을 두려워하는 사람들을 안심시키는 한편 BTL이 그 명예에 안주하지 않도록 보장해 준다는 두 가지 목적에도 도움이 될 것이다. 장기적으로 그것은 BTL의 여러가지 기술혁신을 보다 신속하고 효율적으로 활용할 수 있도록 해줄 것이다. 또한 BTL의 주식참여는 여러 신설 기업들의 초기 고도성장 기간중에만 지속될 것이기 때문에 연구소측에 상당한 자본증식을 가져다 주게 될 것이다.

「기업창출」 기능의 채택 여부를 불문하고 과학과 기술지식이 예상 외의 방향으로 그 변경을 넓혀감에 따라 벨 연구소는 물론 앞으로 계속 변화하게 될 것이다. 예컨대 우리는 생명과

학이나 지각장치에 관한 기술분야에서, 또는 지금은 전화통신이나 데이타 전송과 전연 무관한 것으로 간주되는 수많은 다른 분야에서 커다란 발전이 일어나리라고 상상해 볼 수 있다. 또한 AT&T사가 새로운 목표 제안을 채택할 경우 BTL은 이 연구소의 주된 영향아 웨스턴 일렉트릭사와 195개 지점의 연락사무소를 통해 이루어지고 있는 오늘날보다 더 많은 장소에서 벨 시스팀의 다른 구성회사들과 상호작용을 하게 될 것이다. 이 경우 훨씬 더 복잡한 내부적 연계가 필요하게 되겠지만 그 중 일부는 다음 장에서 「환경」이라는 표제 아래 논하기로 한다.

운영회사

벨 운영회사들은 현재 고도성장, 막대한 자본 소요량, 높은 이직률, 기계파괴운동, 물리적 안전, 전화기 손실, 점증하는 정치적 저항 등 여러가지 난관에 봉착해 있다. 이러한 난관들의 대부분은 새로운 회사목표 제안을 적용함으로써 완화시킬 수 있을 것이다.

만일 우리가 벨사에 대해 원가와 품질 및 사회적 관심면에서 벨사와 대등한 수준에서 다른 회사가 공급할 수 없는 제품과 서비스만을 공급하도록 한다는 원칙을 엄격하게 적용한다면 현재 내부적으로 운영회사들이 수행하고 있는 여러가지 기능들은 사실상 다른 회사들이 — 때로는 모든 관계 회사들에게 큰 혜택을 주면서 — 수행할 수 있게 될 것이다.

그 동안 벨 운영회사들은 가끔씩 정원수 가지치기와 배관작업에서 전화번호부의 작성과 배포에 이르는 다양한 기능들을 외부에 하청을 주었었다.[101] 물론 이러한 실험적 하청에는 일부 난관이 있기는 했지만 경제적·사회적 품질관리를 보장하면서도 여러가지 기능들을 이양할 수 있는 방법이 마련된다면 벨 시스팀 전체의 미래를 위해 매우 건전한 결과를 가져올 수 있을 것이다.

예를 들어 도심지역에서는 현재 운영회사들이 실시하고 있는 수리·정비·설치·단선 등과 같은 업무의 대부분을 흑인·멕시코계 미국인·푸에르토리코계 주민들 소유의 회사들이나 인근의 협동조합들에게 하청을 주는 강력한 선례를 마련할 수 있을 것이다. 엄격한 감독하에 운영되는 지역주민 소유의 하청업체들은 위험성이 큰 지역의 가정과 기업시설에 보다 손쉽고 안전하게 출입할 수 있을 것이다. 사회적 다양성이 증대하고 집단간 긴장이 고조되는 시기에 벨사의 자회사들은 자체 공사와 표준적 기업관행을 선호하는 전통적 정책 때문에 그들의 일상적 현장 운영이 더욱 더 어려워짐을 발견하게 될 것이다. 이에 반해 벨 캐나다사(Bell Canada Enterprises Inc.)는 다량의 현지 사업을 프랑스계 군소업체들에게 하청을 주는 정책 덕분에 퀘벡 주민들과의 관계를 다른 경우에 비해 훨씬 더 개선할 수 있었다.[102]

그러나 하청관계를 맺으려면 자금·장비·훈련면에서 건실한 하청업체들이 존재해야 한다. 그 대안으로 이미 논의되고 있는 한 가지 방법은 독점판매(franchising)계약 모델에 기초한 것인데 마땅한 하청업체들이 존재하지 않는 분야에서는 이 방법이 보다 실제적일 것이다. 버팅거(Henry Boettinger)는 1970년 4월 7일자 토의자료에서 이렇게 쓰고 있다. 『한 가지 비유를 들자면 「독립적」 기업가인 자동차 거래상들과 자동차를 설계·생산하고 금융을 주선하고 전국적으로 제품을 광고하고 보증사항을 뒷받침하고 거래상의 종업원들에게 제품의 정비훈련을 실시해 주는 자동차 생산업체와의 관계 같은 것이 될 것이다.』[103]

버팅거는 이러한 논거를 연장하여 벨사에 대해 현지 회사들이 벨사와의 라이선스 계약에 따라 공중전화기를 수유하고 그 설치와 유지 및 수금을 책임지도록 할 수 없겠는가 하고 반문하고 있다. 현지의 독점판매회사나 라이선스회사는 독자적으로 종업원을 고용하게 될 것이며 또한 현지의 경제적·사회적·정치적 사정을 잘 알고 있기 때문에 비록 종업원 훈련만은 원가로 벨사에게 맡기더라도 전화기 설치와 이동, 현지 경찰 등 관계기관과의 교섭과 같은 민감한 업무를 잘 처리할 수 있을 것이다.

똑같은 원리를 필요에 따라 약간 수정하면 수송반(motor pool)의 운영이나 유휴 전화국의 철거, 수금·청구·소송 등 특정한 사무기능, 전문적인 사업용 통신시설의 설치 및 정비 등의 업무에도 적용할 수 있을 것이다.

분명한 것은 이러한 정책을 대규모적으로 실시하려면 운영 회사들이 「벨 통신 콘스털레이션」내의 여러 조직들에게 감시·감독·훈련·품질관리·금융 등 여러가지 필요한 지원업무를 제공할 수 있도록 충분한 준비를 갖추어야만 한다는 점이다. 그러나 운영회사들은 벨 시스팀의 새로운 목표의 장기적 실행을 가능케 하기 위해 가까운 장래에 이상과 같은 역량들을 개발해 나가야 할 것이다.

이것은 현지 운영회사들과 지역사회간에 새로운 관계가 설정되어야 한다는 것을 의미할 뿐 아니라 AT&T사 자체와 그 계열회사들간의 기존 관계도 재검토해야 함을 시사한다.

첫째, 전화회사의 수에 관한 문제가 있다. 최근 몇년 동안 일부 회사들의 분할에 따라 주(主)전화회사(principal telephone company)의 수가 증가해 왔다. 미국의 사회적 다양성이 한층 높아짐에 따라 앞으로 주전화회사의 수는 더욱 증가하리라고 예상할 수 있다. 21이라는 숫자(역주: 그 당시 벨 시스팀의 운영회사의 수)에 구애받을 필요는 없다. 지역적·지방적 차이라든가 내부조직 압력의 요구에 따라 분할이 더욱 진행될 가능성이 있다.

둘째, 운영회사들은 현재 지리적 구분에 바탕을 두고 있다. 그러나 앞으로 닥쳐올 변화의 성격 여하에 따라 어떤 단일의 특정 서비스만을 전문적으로 취급하는 전국적 운영회사 —지역이 아니라 기능에 바탕을 둔 운영회사—들이 창설되면 일부 서비스들을 통합할 필요가 생길지도 모른다. 이 두 가지의 원칙을 어느 정도 혼합한 것이 앞으로 벨 시스팀의 특징을 이루게 될 것이다.

끝으로 재무관리 문제가 있다. AT&T사는 현재 21개 주전화회사들 중 18개사에서 보통주의 90% 이상을 소유하고 있다. 주식지분율이 이보다 낮은 회사는 뉴 잉글랜드 텔리폰(New England Telephone)사, 마운틴 스테이츠 텔리폰(Mountain States Telephone)사, 퍼시픽 노스웨스트 텔리폰(Pacific Northwest Telephone)사 등 3개사 뿐이다.[104] 이같은 엄격한 주식소유의 필요성 여부가 현재 논란의 대상이 되고 있다. AT&T사는 그 주식지분을 줄이고 일정 수준의 소유주식을 공개함으로써 상당한 규모의 신규자본을 조달할 수 있다. 물론 이러한 접근방법은 연구와 신중한 검토를 요하는 매우 장기적인 재무문제를 함축하고 있다.

그러나 AT&T사는 이보다 낮은 주식지분율을 가지고 운영했던 역사적 선례가 있다. 이 기업의 초창기—요즈음처럼 새로움 비율이 높고 급속한 변화가 이루어졌던 시기—에 벨사는 운영회사들에 대해 대개 30~50%의 주식을 소유했으며 일반적인 지분율은 35%였다. 이같이 소주주로서의 지위가 강화된 것은 계열회사들에게 벨사의 승인없이는 외부자금을 차입하지 못하도록 못박은 규정 때문이었다. 벨사는 모든 계열회사의 이사회에 대표를 파견하고 영업정보를 완전히 파악했으며 그밖에도 여러가지 통제권을 장악했다.[105]

그러나 AT&T사의 계열회사 주식지분 감축은 단순한 재무적 함축 이상의 의미를 갖는다. 특정 기능들의 외부 이양과 마찬가지로 주식지분 감축 역시 벨사를 지역사회에 깊이 통합시킨다는 목적을 갖는다. 벨사가 초기에 추구한 소주주로서의 참여정책은 현지의 지지를 구축하기 위한 의식적인 시도였는데 이 시도는 성공적이었다. 여기서 제시한 프로그램—외부하청·라이선스 대여·주식참여 등—은 벨사에 여러가지 장기적인 이익을 가져다 줄 것이다.

「콘스털레이션」내에 벨 시스팀과 정치적 이해관계가 중복되는 소규모 업체 및 조직들의 네트워크를 구축함으로써 벨 시스팀은 각종 규제절차에서 동맹세력을 갖게 된다. 이 프로그램은 또한 사업상의 성공과 실패의 책임을 그 사업의 대부분이 귀속하는 현지 수준에 더욱 가깝게 이전시키게 된다. 그것은 건전한 중소기업의 성장을 촉진시키게 되는데 특히 튼튼한 중산층의 부재로 벨 시스팀뿐 아니라 사회 전반에 심각한 위험을 제기하고 있는 도심지의 지역사회에서 중소기업의 성장을 촉진하게 될 것이다. 그것은 위험할 정도로 팽창해 있는 벨사의 자본소요를 감축시키고 동시에 새로운 자본조달원을 열어 주게 될 것이다.

그러나 가장 중요한 점은 이 프로그램이 어느 한 장소에서의 실패가 다른 장소에서의 원만한 운영을 크게 저해하거나 벨 시스팀 전체의 대외적 이미지를 크게 손상시키지 않는 시스팀을 창조해 준다는 것이다. 이 프로그램은 소규모의 시행착오적 실험을 촉진시키며 또한 성공한 실험결과를 타당치 않은 분야에서는 채택치 않고 타당한 분야에서만 채택할 수 있도록 허용해 준다. 그것은 시스팀 전체가 현지의 반응에 보다 민감하게 대응하고 지역적 차이를 보다 분명히 인식하며 현지 요구의 변화에 더욱 기민하게 반응하도록 만들어 줄 것이다.

궁극적으로 이 프로그램은 벨 시스팀과 관련된 회사·조직·서비스업체·그룹들로 구성되는 「콘스털레이션」을 발전시키게 될 것이다. 이렇게 되면 「시스팀」이라는 개념은 AT&T사 자체보다 더욱 큰 개념으로 확대될 것이다.

11. 프레임워크 기능

해설

계열회사들을 떼어버리고 외부에 하청을 주는 것은 회사의 적응력을 높이는 데 도움이 되기는 하지만 동시에 그것은 다른 업체들의 영업실적에 대한 의존도를 높여 주기도 한다. 바로 이 때문에 필자는 벨사가 영업활동을 축소하고 이들을 여러 개의 「모듈」로 조직하는 동시에 이들을 한데 묶는 「프레임워크」를 강화할 필요가 있다고 제의했다.

필자는 하나의 대기업체와 여러 납품회사들이 「콘스털레이션」내에서 새로운 종류의 관계를 맺는 상황을 그려 보았다. 이 새로운 조직모델은 구매자·판매자간의 불간섭 관계(hands-off relationship)와 독점판매회사·가맹점간의 간섭관계(hands-on relationship)의 중간쯤에 해당하는 형태가 된다.

프레임워크 기능의 하나는 바로 기획인데 여기에 한 가지 분명한 것이 있다. 필자의 보고서는 지난 10여년 동안에 일어난 여러가지 핵심적 변화들을 정확하게 예측했으면서도 다만 한 가지 규제방향의 변화만은 크게 잘못 예상했었다. 필자는 미국내 연방규제의 대폭적인 철폐를 예견하는 대신에 국가적 차원에서 계획의 합리화가 더욱 진전될 것으로 보고 AT&T사가 이에 적응할 방안을 제안했었다. 필자의 소견으로는 이 보고서가 예견하지 못한 가장 중요한 문제는 바로 이 점이었다고 생각한다.

1970년의 「미래 쇼크」를 읽은 사람들은 필자가 중앙계획에 대해 큰 회의를 품고 있음을 알고 있을 것이다. 그 이후로 필자는 거대계획(macroplan)에 대한 비판적 입장을 더욱 강화하여 통신업 등 여러 분야에서 시장요인이 작용하도록 해야 한다고 공개적으로 거듭 촉구해 왔다. 필자는 소비자보호를 위해 별도의 법률개정을 하는 한이 있더라도 보다 철저한 규제철폐가 이루어져야 한다고 주장한다.

그렇다면 필자가 이 보고서에서 그처럼 거추장스럽고 복잡

한 계획과정을 제시한 이유는 어디에 있는가? 이 점을 이해
하려면 그 당시의 상황을 상기해 볼 필요가 있다. 그 당시 A
T&T사는 아직 단일의 거대회사로서 모든 지역사회에 영업망
과 문제점을 가지고 있었다. 이 회사는 아직 연방 승낙법령의
엄격한 제약을 받고 있었고 또한 도처에서 맹렬한 공격을 받
고 있었다. 그 당시는 연방규제가 감소하기는커녕 강화될 것
으로 보였기 때문에 필자는 어차피 하향식 계획이 강화될 것
이라면 그 계획이 일관성있고 포괄적인 것이 되도록 해야 한
다고 생각했었다. 무엇보다도 하향식 계획이 상향식 계획에
의해 균형을 이루도록 함으로써 실수요자와 그밖의 관계자들
이 이 과정에 참여하도록 허용해야 한다고 생각했다.

필자는 이 보고서가 벨 시스팀의 해체를 주장함으로써 보다
자유롭고 융통성있고 탈중앙집권적이며 보다 경쟁적인 통신시
스팀의 수립을 촉진시켰다고 믿는다.

그러나 시장원리의 창조적 힘을 인정한다고 해서 개별 회사
의 범위를 초과하는 일정한 정책조정의 필요성을 부인하는 것
은 아니다.

미국은 오늘날 전세계를 위한 통신연구소 구실을 하고 있
다. 그러나 미국이 이 선도적 입장을 계속 견지하려면 시장원
리의 힘을 장기적 통신수요를 예측하는 통찰력 — 아울러 향후
수십년간 수익성이 없을 수도 있는 대규모 투자를 할 수 있는
능력 — 과 결합시켜야만 할 것이다. 이것은 탈규제화 시기에
서조차도 대중참여가 수행해야 할 역할이 있음을 시사하는 것
이다. 통신산업은 단기적인 경쟁 압력에 완전히 맡겨두기에는
너무나 중요하기 때문이다.

미국 통신시스팀의 장래를 전적으로 경제적 고려에 의해서
만 결정해서도 안된다. 통신은 무엇보다도 사회적 행위이다.
그것은 본질적으로 문화적·정치적·심리적인 것이다. 통신산
업을 편협한 경제적 이유 때문에 규제(또는 탈규제)한다는 것
은 통신이 갖는 원초적 중요성을 망각하는 것이다. 통신산업
은 변화와 단편화로 인해 동요하는 세계에서 우리를 함께 묶
어주는 접착제 구실을 해야 한다.

보고서

벨 시스팀의 산업주의적 구조로부터 초산업주의적 구조로의 이행과 「벨 통신 콘스털레이션」의 창설은 모두 특정 기능들의 하향적·외부적 이동을 함축하는 것이다. 그러나 이러한 일이 가능하려면 이에 상응하여 벨 시스팀의 통합적 기구의 강화가 이루어져야 한다. 즉 이 기업체의 애드호크러시적 단위, 또는 모듈들을 조정해야만 한다. 다시 말하면 효과적인 구조개편은 무차별적인 「중앙통제 고삐의 완화」를 요구하는 것이 아니라 오히려 선택적이고 통제된 권한의 상향이동도 아울러 요구한다.

특정한 기능들은 중앙집권적으로만 수행될 수 있다. 조직상의 용어로는 이러한 기능들을 「프레임워크 기능(Framework Function)」이라고 부를 수 있을 것이다. 이 기능들은 주로 조정업무와 각종 표준의 설정 및 유지, 그리고 벨사의 계열회사들은 물론이고 전체 「콘스털레이션」을 구성하는 여러 회사와 조직체들에 대한 전문화된 서비스 및 자원의 공급업무와 관련된 것들이다.

이 「프레임워크 조직」은 현재의 「195」 조직과 유사한 것이 될 것이다. 그러나 나중에는 현재 「195」가 담당하고 있는 기능들이 대폭 확대되고 새로운 기능들이 추가되어야만 할 것이다.(편의상 여기서는 「195」와 「프레임워크 조지」이라는 용어를 병용하기로 한다.)

결국 「195」의 여러가지 현행 기능들은 계속 존속하게 될 것이다. 예컨대 「195」는 장거리 전화부문을 운영해야 할 독특한 이유와 능력을 가지고 있는 것이 분명하다. 전송비용의 하락은 풍요 및 이동성의 증대와 함께 이 사업부문에 대한 수요를 급격히 확대할 것이며 이에 따라 사업부문의 조직개편을 필요로 하게 될 가능성이 크다. 그러나 장거리 사업부문은 국내적·국제적인 차원에서 벨 시스팀을 하나의 시스팀으로 유지하는 일과 직결되어 있으므로 앞으로도 계속 「프레임워크 조직」에 의해 운영되도록 해야 할 것이다.

현재 「195」가 맡고 있는 운영·엔지니어링·건설 등의 여러가지 책임과 웨스턴 일렉트릭사 및 벨 연구소와의 연락업무도 역시 존속될 것이다. 웨스턴 일렉트릭사와 여러 운영회사들이 특정한 기능들을 이양함에 따라 「프레임워크 조직」은 앞으로 「콘스털레이션」을 구성하게 될 벨사의 여러 비계열 조직들에게 지도와 기술원조 등 각종 지원을 제공해 주어야 할 것이다. 「프레임워크 조직」은 또한 여러 운영회사들과 웨스턴 일렉트릭사 및 벨 연구소가 어려운 이행과정을 수행하도록 지원하는 책임을 맡게 될 것이다. 이를 위해서는 특히 운영회사들에 대하여 사전계획 분야의 지원, 「모델 계약서」 또는 외부 회사 및 조직들과의 「모델 관계」의 작성, 이행 경험에 관한 정보센터로서의 서비스 제공 등이 이루어져야 할 것이다. 또한 설계명세와 표준의 설정 및 적용과 관련된 중요한 새로운 기능들도 제공해야 하는데 이 문제는 매우 중요하기 때문에 나중에 보다 상세히 다루고자 한다.

또한 날로 늘어나는 벨사의 자본 소요 때문에 「195」의 재무기능이 갖는 중요성도 높아지게 될 것이다. 새로운 목표를 추구하는 목적의 하나는 특정한 자본부담을 벨사의 비계열 회사들에게 이전시키는 데 있으므로 재무부서는 때때로 비계열 회사들에게 기술지원을 제공할 필요가 있을 것이며 또한 재무계획을 작성하는 데 있어서 이들의 필요를 고려해야 할 것이다. 「195」는 벨 시스팀의 일종의 중앙은행으로서 현재보다 더 한층 기민하고 민첩한 운영이 요구될 것이다. 환경내의 새로움 비율이 상승함에 따라 「195」는 통신수요와 재무상황의 빈번하고도 급작스러운 변동에 대응하여 운영회사들에게 임시적 목적을 위한 자금을 긴급히 제공하도록 요구받는 일이 늘어나게 될 것이다. 또한 「콘스털레이션」을 구성하는 여러 회사와 조직들, 하청회사 또는 특약회사들을 위한 임시적 재무지원 계획도 창설할 필요가 있을 것이다. 또한 회사 내부에 특정한 목적을 위한 일종의 중소기업투자회사(SBIC/small business investment company 또는 MESBIC/medium and small business investment company) 같은 것을 창설할 필요도 있을 것이다. 기본적으로 여기에 함축된 원칙은 기술적 통합에 관해 논한 원칙과 같은 것이다. 재무통합(또는 재무적 합주⟨orchestration⟩라는 표현이 정확할는지 모른다)이 필요하겠지만 여기에는 벨 시스팀 자체가 아닌 보다 큰 시스팀이 포함되어야 할 것이다.

감시업무의 질

벨 시스팀이 운영단위들에게 더욱 더 큰 독자성을 허용하는 방향으로 나아가고 또 보다 융통성있는 형태의 외부 하청·리스 그리고 심지어 독점판매 계약을 추진해 나가게 되면 서비스 표준과 벨 시스팀의 양립성을 유지하는 데 보다 큰 관심을 기울일 필요가 생길 것이다. 품질관리 기능에는 몇 가지 서로 다른 사업활동이 필요하다. 그 중 한 가지는 설계명세의 개발에 있어서 규제기관들과 협력할 수 있도록 현체제를 정비하는 것이 될 것이다. 두번째는 벨 시스팀 내부에서의 계속적인 설계명세 개발 및 조정업무이다. 그리고 세번째 사업활동은 품질표준을 「콘스털레이션」 전체를 통해 이행하도록 보장하기 위한 자문 및 감시업무가 될 것이다. 여기에는 기술지원 그룹과 감독반 같은 것은 물론이고 감시업무를 위한 기술적 장치가 추가될 필요가 있을 것이다. 웨스턴 일렉트릭사와 각 운영회사들은 하청업자 등 「콘스털레이션」내 여러 단위들의 사업장에 기술고문과 감시원들을 배치할 필요가 있을 것이다.

「프레임워크 조직」은 감시반을 보내 계열회사들과 주변 조직들의 업무를 감독하고 이들이 벨 시스팀의 설계명세를 준수하도록 독려해야 할 것이나. 그러나 이러한 설계명세는 단순한 기술적 명세에 그치지는 않을 것이며 여기에는 현지 지역사회내에서의 사회적 업적과 환경오염 규제에 관한 명세들도 포함되게 될 것이다. 감시반이 수집한 정보는 표준으로부터 이탈된 사항을 명기하여 현지의 독립운영회사와 주변 조직들에게 회송하게 될 것이다. 이렇게 함으로써 벨 시스팀은 감시기능과 사업운영 담당자들간애 일정한 거리의 독립성을 키워나갈 수 있을 것이다. 감독기관의 이같은 독립성은 결함을 숨기기 어렵도록 만들 것이며 또한 문제가 생길 경우 지금보다 더 빨리 해결할 수 있도록 만들어 줄 것이 틀림없다.

분명히 운영회사와 주변 조직들에게 그들의 기술적·사회적인 실적 수준을 단순히 통보해 주는 것만으로는 불충분할 것이다. 여기에 전제되어 있는 것은 「프레임워크 조직」이 운영회사 및 주변 조직들과 일련의 관계를 유지하고 있기 때문에 벨 시스팀 표준으로부터의 계속적인 이탈이 있을 경우 중앙의 개입을 부르게 된다는 것이다. 다른 말로 표현하면 운영회사나 하청업체가 일을 잘 해내지 못하면 「프레임워크 조직」이 「비상권한」을 가지고 직접 개입하여 이 「비상」 기간 동안에 그들의 업무를 인수할 수도 있다. 그러나 「프레임워크 조직」의 이러한 권한을 사전에 명시적으로 규정하여 이러한 권한이 존재한다는 사실만으로도 독립 사업단위와 주변 조직들이 책임을 다하도록 촉구하는 커다란 인센티브가 되게 하여야 할 것이다.

품질감시기구나 감독반은 소비자의 관점에서 계속 벨 시스팀을 시험대에 올려놓게 될 것이다. 즉 소비자를 대하는 업무의 효율성을 계속적으로 조사하도록 설계된 일정한 양식에 따라 설문을 주고 받거나 방문조사를 하는 것이 그것이다. 그러나 이러한 활동은 기술적 기능에만 국한되어서는 안되며 한걸음 더 나아가서 새로운 시설의 발주, 시설변경 요청 등 온갖 종류의 소비자 수요에 관한 모의상황을 연출함으로써 벨 시스팀을 시험해 보는 일도 포함되어야 할 것이다. 이같은 계속적인 감시기능은 회사가 정보수집을 순전히 소비자의 항의나 규제당국의 경고에만 의존하는 경우보다 더 빨리 벨 시스팀에게 정보를 제공해 주게 될 것이다. 이러한 이유 때문에 품질감시기구는 회사가 보다 효율적인 계획을 세우기 위해 필요로 하는 피드백 시스팀(feedback system)의 필수적 부분이 된다.

인력

AT&T사를 산업주의적 구조에서 초산업주의적 구조로 전환시키려고 진지한 노력을 기울일 생각이라면 「195」로 하여금 단순히 벨 시스팀내에서 뿐 아니라 「통신 콘스털레이션」 전체를 통해 인적자원의 개발 및 배치에서도 보다 큰 역할을 맡도록 해야 할 것이다. 하청업체와 특약가맹업체 등이 업무성과를 향상시킬 능력을 갖추려면 「프레임워크 조직」으로부터 직접적인 지원을 받아야 할 것이다. 따라서 「195」의 일차적인 인력 기능은 장래의 인력 소요량과 직종 구성을 예측하는 일이 될 것이다.

더구나 베일 시대의 중역들은 상대적으로 단순하고 획일적인 경제적 보상만으로도 성공적으로 근로자들에게 동기를 부여할 수 있었지만 지금은 훨씬 더 복잡한 동기가 작용하고 있다. 종업원들은 일단 기본적인 생계단계를 벗어나면 더욱 더 심리적 성취감, 성장, 도전, 다양성 그리고 윤리적·사회적으로 가치있는 일을 하고 있다는 느낌을 요구하게 된다. 이 때문에 작업은 앞으로 더욱 더 개개인의 특성에 맞게 조직되어야 할 것이다. 벨사가 스스로 직종확대를 시험해 보는 것이 올바른 방향의 조치이다. 또한 극도로 높은 결근율을 해결하기 위해서는 오늘날 창의적인 서독 제조업체들이「글라이트차이트(gleitzeit)」또는「슬라이딩 타임(sliding time)」이라고 부르는 자유근무시간제(flex-time), 즉 종업원들이 자신의 근무시간을 선택하도록 허용하는 제도가 도움이 될 것이다. *[106]

「프레임워크 조직」은 이러한 실험들을 설계·감시·보고하고 또한 기본적으로 경제적 보상에 기초한 종업원 관계를 보다 복잡한 동기부여 제도로 전환하도록 적극 권장함으로써「콘스털레이션」내의 여러 운영회사와 주변 조직들을 지원해 줄 수 있을 것이다.

이러한 문제들은 한 번 해볼 만하다고 생각하기 쉽지만 훈련·재훈련 업무는「콘스털레이션」에게 있어서 가장 힘든 과제가 될 가능성이 많다. 운영회사·하청회사·특약기맹점 등 관련 조직들이「프레임워크 조직」의 최대한의 지원을 필요로 하는 것은 바로 이 분야이다.

근로자가 벨사(또는 그밖의 다른 회사)에서 유용한 역할을 담당할 수 있으려면 기본적으로 다음과 같은 세 가지 단계에서의 교육이 필요하다.

＊ 이같은 탈동시화(desynchronization) 과정은 기계는 훨씬 더 동시화되나 인간은 덜 동시화되는 초산업주의 사회의 특징을 이루게 될 것이다. 오늘날 서독에서는 2,000개 업체의 근로자 100만 명이 이「자유근무시간제」에 따라 일하고 있다. 근무시간은「중심근무시간(core time)」과「자유근무시간」으로 나뉜다. 중심근무시간 중에는 모든 근로자가 출근해야 하나 자유근무시간 중에는 근로자가 출근 여부를 선택할 수 있다. 근로자는 또한 자신의 월간 총근로시간을 조정할 수 있으며 근무시간을 적치했다가 다음 달로 이월할 수도 있다. 근무시간 편성이 복잡하기는 하지만 그대신 사기를 높이고 결근율을 낮춰준다. 다만 좀더 연구가 필요한 문제이다.

첫번째 단계는 간단한 「과제훈련(task training)」이다. 여기서는 각 개인이 직무가 요구하는 특정한 단계적 절차를 소개받는다. 이것은 교육과제 중에서 가장 쉬운 분야이며 또한 회사들이 가장 부담없이 선뜻 책임을 지는 분야이다. 대부분의 기업훈련은 이 1단계 교육이다.

두번째 단계는 「공식교육(formal education)」이다. 여기서 각 개인은 초보적인 문자해득 및 「산술(numeracy)」과 함께 필요한 전문적인 지적 기능을 전수받는다. 전통적으로 회사들은 이 교육의 제공을 각급 학교와 대학에 의존한다.

세번째 단계는 「문화교육(cultural education)」이다. 이를 통해 각 개인은 각자가 문화권내에서 제대로 기능하기 위해 필요로 하는 온갖 종류의 지식을 배우게 된다. 이 형태의 교육은 당연한 것으로 생각하는 것이 보통이다. 우리는 전형적으로 근로자나 취업 희망자가 으레 지역사회의 지리를 알고 돈이 무엇인지 알고 자아·노동·가족 등에 대해 특정한 공통적 태도를 견지하고 있으며 또한 시계를 볼 줄 알고 시간엄수를 중요하게 생각하리라고 가정하고 있다. 과거에 회사들은 근로자나 취업 희망자가 문화권 구성원이라는 단순한 사실만으로도 당연히 문화적 소양을 갖추고 있으리라고 가정했다. 또한 학교·대학·기업체가 아니더라도 사회 일반이 이 문화교육을 제공해 준다고 전제되어 왔었다.

앞으로 10년내로 벨사는 종전에 공공교육제도와 대학이 담당했던 여러가지 교육기능은 물론이고 심지어 사회 자체가 수행했던 일부 교육기능까지 스스로 인수해야 할지도 모른다. 근로자 교육문제를 몇년 동안이나마 다시 교육기관과 사회에 되돌려 보낼 수 있으리라고 생각하는 것은 순진한 생각이라고 보아야 할 것이다.

각급 학교와 대학 자체가 초산업주의 혁명의 와중에 휘말려 있기 때문에 현재 큰 혼란에 빠져 있으며 교육지도자들은 미래의 교육목표와 조직형태에 관해 갈피를 잡지 못하고 있다. 그들이 앞으로 10년내로 이러한 혼란을 수습할 「콘스털레이션」은 차치하고라도 벨 시스팀에 대해 적절한 인력의 충분한 공급을 보장해 주게 될 가능성은 희박하다. 각급 학교는 심지어 가장 기초적인 읽기·쓰기 및 산술을 가르치는 데 있어서도 더욱 더 큰 어려움을 겪고 있다. 실제로 직업구조가 교육

구조에 비해 더욱 빠른 속도로 분화되고 변화하고 있기 때문에 벨 시스팀의 인력수요와 교육제도의 산출간의 격차는 앞으로 더욱 확대될 가능성이 높다.

공식교육의 차원에 있어서 「프레임워크 조직」은 공식 교육제도의 이러한 실패를 보완할 효과적인 시정 교재를 마련함으로써 운영회사 등 그밖의 「콘스털레이션」 조직들을 지원해 주어야만 할 것이다.

그러나 이것도 그들이 문화교육의 차원에서 직면하게 될 여러가지 문제들에 비하면 아무 것도 아니다. 현재 지배적 문화가 단편화하고 분할되고 있기 때문에 벨사는 이제 더 이상 근로자나 취업 희망자가 「그」 문화에 의해 사회화되어 있으리라고 가정할 수 없게 되었다. 지금은 그가 어느 소문화권 출신이며 그 소문화가 문화적 기능·가치관·언어 등에 관해 그에게 무엇을 가르쳤는가 하는 것이 문제로 된다. 현재 벨 시스팀에서 일어나고 있는 심대한 탈표준화 과정은 단순히 직무기능에만 적용되는 것이 아니라 생활양식 및 소문화적 형태들에도 적용되는 것이기 때문에 우리는 앞으로 몇년 동안에 벨사의 노동력에서도 인종·종교·성 등 여러가지 차이가 확대될 것으로 예상해야 한다. 이것은 벨 시스팀 및 「콘스털레이션」의 내부에서 교차문화적 커뮤니케이션의 문제가 심화되리라는 것을 의미한다.

「프레임워크 조직」을 가장 필요로 하는 것은 바로 이 분야이다. 각급 공공학교와 대학들은—아마도 벨 시스팀 자신보다도—세번째 단계의 교육에 관해 아는 것이 별로 없다. 사수한 효과만이라도 거두기 위해서는 지금껏 존재하지 않았던 기술을 개발해야 하고 학습이론에 관해 전반적인 이론적 돌파구를 마련하여야 할 것이다. 만일 기존의 교육연구기관들에서 이 분야의 진전이 이루어지기만 기다리다가는 벨사는 점차로 가장 단순한 직종에서조차도 기능인력의 부족으로 곤란을 겪는 사태에 직면하게 될 것이다.

마치 벨 연구소가 벨사에 필요한 도구를 제공하기 위해 기술분야에서 선도적 작업을 해야만 했던 것과 마찬가지로 「프레임워크 조직」은 벨 시스팀을 위해 새로운 교육훈련 도구를 개발해야 할 것이다. 외부의 작업수준은 너무 빈약하고 빌전의 속도가 너무 느리기 때문에 문제를 제때에 해결해 주리라고 기대할 수 없다.

이상과 같은 이유들 때문에 「프레임워크 조직」은 학습이론·교차문화적 커뮤니케이션·교육방법론 분야의 연구 및 실험에 상당한 노력을 집중해야 할 것이다. (이 차원의 여러가지 문제들은 대기업들에게 공통된 것이기 때문에 벨사는 이 노력을 추진함에 있어서 다른 기업들, 그리고 아마도 정부와도 협력할 수 있을 것이다.)

우리는 지금으로부터 10년 후에 「벨 통신 콘스털레이션」내에 하나의 종합적 학습체제, 즉 벨사 종업원과 「콘스털레이션」내 다른 회사의 종업원들 뿐 아니라 외부 사람들에게도 수강료를 받고 개방하는 고도로 탈중앙집권화된 일종의 「통신대학(University of Communications)」 같은 것이 생겨나리라고 상상해 볼 수 있다. 이러한 대학은 TV, TV전화, TV세미나(tele-seminar), 컴퓨터를 이용한 학습 및 그밖의 기술적 장치를 효과적으로 이용하는 한편 동시에 개별강습·게임학습(game-playing)·모의연습 등에 주로 의존할 수 있을 것이다. 또한 이 대학은 계약이나 수강료를 받는 조건으로 고등학교나 직업훈련학교에서 특정한 강좌를 실시할 수 있을 것이다. 「프레임워크 조직」은 이 대학을 지원하기 위해 특별히 고안된 과제훈련교재·보수교재(remedial package). 등을 제공해 주고 또한 특히 「문화훈련」과 교차문화적 커뮤니케이션에 관한 새로운 접근방법을 개발해 줄 수 있을 것이다.

끝으로 「콘스털레이션」과 사회 전반에 걸쳐 변화가 가속화함에 따라 이로 인해 유발되는 개개인의 방향상실과 탈선현상이 심화될 것이다. 이러한 현상은 개인적인 혼란을 일으키는데 그치지 않고 작업성과의 저하를 유발하게 된다. 「문화교육」의 연장으로 「적응교육(coping education)」을 실시해야 할 것이다. 이 교육은 스트레스 유발로 작업성과에 영향을 미치게 되는 생활상의 변동 — 승진·전보·주거이동·퇴직·출산·사망·결혼·가정파탄 등 — 에 종업원들이 대응해 나가도록 돕기 위한 각종 상황그룹(situational group)·위기 상담소(crisis center)·중간 가옥(<u>역주</u> halfway house, 미래 쇼크의 완충장치로서 급격한 이행을 피해 통제와 점진적인 단계를 통해 적응을 꾀하고자 하는 것) 등 여러가지 적응장치들을 창설함으로써 이루어지게 될 것이다. 이러한 업무는 정적인 생산적 근로자의 양성이 아니라 직장 내외의 빈번한 변화에 대응해 나갈 수 있는 개인의 양성을 전제하고 있다는 점에서 현재의 「산업심리학」의 개념을 훨씬 넘어서고 있다. 이 분야에서도 역시 새로운 영역이 개척되어야 한다. 지금은 아무도 이 일을 잘 해낼 방법을 알지 못하고 있으므로 벨사는 자신의 이익을 보호하기 위해서라도 선도적 작업을 실시해야만 할 것이다. 이것은 궁극적으로 다른 회사들에게도 값진 기여를 하게 될 것이다.

환경

AT&T사는 다른 모든 기업들과 마찬가지로 경찰과 위생당국에서 교회·공회당·학교 등에 이르는 각종 사회제도 네트워크의 안정적인 기능에 의존한다. 이러한 제도들이 초산업주의 혁명과 관련된 동요 때문에 제 기능을 발휘하지 못하게 되면 AT&T사는 그 기능들의 일부를 떠 맡든가 아니면 그 조직들이 제 기능을 발휘할 수 있도록 선택적인 지원을 제공해 주어야 할 것이다.

그렇다고 해서 모든 회사가 정부의 업무를 대신하거나 과거의 가부장적 정책으로 복귀해야 한다는 얘기는 아니다. 여기서 하고자 하는 말은 벨사가 그 동안 받아왔던 암묵적인 지원을 이제는 더 이상 당연한 것으로 생각할 수 없게 되었다는 것이다. 학교의 경우가 그 좋은 예이다. 전술한 바와 마찬가지로 만약 벨사가 적절한 인력공급을 원한다면 학교교육의 실패를 보완하기 위한 특정 형태의 보수교육을 제공해야 할 것이다. 동시에 벨사이 운영회사들과 「콘스털레이션」내의 그밖의 다른 회사들은 현지의 학교들을 지원하여 그들이 당면한 문제점들을 해결하도록 도와주어야 할 것이다.

탁아소의 제공, 특정한 교통문제, 여성근로자의 안전문제 등은 모두 공공서비스의 부족 탓이라고 할 수 있으며 벨사는 이 모든 분야에서 이미 공공서비스 부족을 보완하기 위한 대책을 검토하고 있다.

이같은 패턴은 앞으로 더욱 뚜렷해질 것이며 또한 「프레임워크」의 한 가지 중요한 기능은 「콘스털레이션」 회사 및 조직들이 현지 기관들을 위한 보완 프로그램과 지원 프로그램을 강구하도록 돕고 아울러 이러한 프로그램의 활용지침을 제공해 주는 일이 될 것이다. 현지 공공기관들에 대한 지원은 어떠한 상황에서 정당화될 것인가? 그 지원은 어떠한 형태를 취해야 할 것인가? 벨 시스팀은 어떠한 종류의 보완 프로그램을 제공할 수 있으며 또 제공해야만 하는가? 이러한 문제들은 회사들이 자신들이 기능할 수 있는 환경을 유지하기 위해 노력하게 됨에 따라 앞으로 더욱 심화될 것이다.

동시에 벨사는 자기 자신이 일으키는 환경적 영향도 염두에 두어야 할 것이다. 「콘스털레이션」내의 기업이나 조직들은 말할 것도 없고 AT&T사 정도의 대기업체는 주변 사회에 영향을 미칠 반향을 일으키게 마련이다. 민간부문과 정부부문의 대기업들은 향후 10년내에 자신들의 행동의 결과에 대해 보다 큰 책임을 지게 될 것이다.

대체로 이러한 결과는 두 가지 흐름 — 회사의 경제적·사회문화적 행위에 따른 결과와 기술적 행위에 따른 결과 — 으로 나타나게 될 것이다. 책임은 이 두 가지 모두에 적용될 것이며 또한 지금은 대체로 간과되고 있는 2차적·3차적 결과에까지 확대될 것이다.

AT&T사는 지난 수십년 동안 선량한 「기업시민(corporate citizen)」이 되고자 노력해 왔음을 자부하고 있다. 그러나 오늘날에는 정부와 일반시민들이 사회질서와 물리적 환경이 갖는 체제적 성격을 인식하게 됨에 따라 선량한 시민이라는 개념은 전통적 의미보다 훨씬 넓게 확대되고 있다. AT&T사가 「선량한 시민」으로 인정받기 위해서는 스스로의 책임에 대해 보다 폭넓은 견해를 갖게 되었음을 보여주는 구체적인 조치들을 취해야만 할 것이다.

AT&T사는 자신의 「경제적」 행동들 — 건설·이전·고용 또는 종업원의 대규모 해고의 여부 — 이 일반의 엄밀한 감시와 논란의 대상이 되리라고 예상하고 있어야 한다. AT&T사의 「사회 문화적」 행동들도 역시 집중적인 검토의 대상이 될 것이다. 차별대우는 없는가? 흑인·멕시코계 미국인·유태인 또는 여성에게 채용우선 쿼타를 적용하고 있는가? 소수민족 종업원은 승진상의 차별을 받지 않고 최고경영층에까지 올라갈 수 있는가? 운영회사의 「예탁」 정책이 여러 마을과 집단들에게 불공평한 영향을 미치고 있지는 않은가? AT&T사는 동성애자 고용에 관한 정책을 가지고 있는가? 독신 남녀는 승진에 어려움을 겪고 있지 않은가? 징병 기피자를 채용하는가? 복장이나 헤어 스타일에 관해 부당한 기준을 강요하고 있지는 않은가? 프라이버시는 어떻게 보호해 주고 있는가? 정부기관의 도청 업무에 순순히 협력하는가? 이러한 질문들이 오늘날 제기되고 있으나 앞으로는 더욱 여러가지 질문이 제기될 것으로 예상된다.

사회에 급속한 변화가 일어나게 되면 적용되는 기준도 달라지게 마련이다. 「프레임워크」가 수행해야 할 한 가지 중요한 기능은 기업시민 기준의 변화를 조기에 발견하고 이 기준에 따라 회사의 행동을 감시하는 내부적 시스팀을 만드는 것이다. 규제문제를 다루는 다음 절에서는 전화요금 청구를 정당화하는 데 있어서 벨 시스팀의 사회 문화적 영향에 대한 자체 감시능력이 날로 더 중요시되고 있는 이유를 살펴보고자 한다.

기업책임이 확대될 것이 거의 틀림없는 또 하나의 분야는 기술적 영향에 대한 책임이다. 향후 10년 동안 물리적 환경의 악화를 방지하기 위해 새 기술의 규제를 강화하라는 여론의 압력이 증가하리라는 것은 분명하다. 이러한 요구는 필연적으로 물리적 환경의 문제를 넘어서서 새 기술이 사회 문화적인 「생활의 질(quality of life)」에 미치는 영향까지를 포함시키게 될 것이다.

분명히 앞으로 10년내에 연방정부는 새로운 기술평가 기관들을 설치하게 될 것이다. 지방 및 주의 차원에서도 이에 상응하는 조치가 취해질 것이다. 이러한 기관들의 정확한 성격, 그 기관들이 계획한 관심시항, 그리고 그 기관들이 행사하는 권한은 민간업체가 취하는 이니셔티브에 역비례하게 될 것이다.

회사의 초창기에 베일이 연방정부 통신규제의 타당성을 인정했던 것처럼 벨 시스팀은 하루 빨리 사회적인 감시제도와 기술혁신의 사전평가에 찬성한다는 입장을 공표하고 또한 효과적인 평가방법의 개발을 위해 자체의 자원을 제공하도록 해야 할 것이다.

일부 과학자와 엔지니어들은 기술평가제도에 대해 심각한 유보 자세를 보이고 있다. 이들은 기술혁신에 대한 사전평가가 자칫 기술발전을 제약할 수 있다고 주장한다. 또 어떤 기술이건 그것이 실제로 생산라인에 채용되기까지는 평가가 불가능하다고 주장하는 사람들도 있다. 또 다른 사람들은 체계적인 평가는 어떠한 상황에서도 불가능하다고 주장하기도 한다.

이러한 주장들은 정직한 주장이기는 하지만 핵심을 벗어난 것이다. 기술은 지금도 평가를 받고 있으며 과거에도 항상 평가를 받아왔다. 문제는 평가절차가 부적절하고 그 기준이 너무 간단하다는 데 있다. 「순수한」 또는 「무리없는」 기술발전이라는 것은 없다. 모든 사회는 그 경제적·정치적 제도들을 통해 어떠한 기술혁신을 자금지원하고 개발·보급할 것인가, 또 어떠한 것을 억제하거나 묵살할 것인가를 결정하고 있다. 지금 필요한 것은 이 과정을 대폭 개선하는 일이다.

더구나 초음속 여객기나 핵증식로 같은 것의 모든 결과를 사전에 검토한다는 것이 불가능하기는 하지만 모든 기술혁신을 사용해 보아야만 평가할 수 있다고 주장하는 것은 잘못이다. 이러한 주장은 우리가 모의실험이나 모델설정·사례비교 등 그밖의 여러가지 평가절차에서 아무 것도 배울 것이 없다고 말하는 것이나 마찬가지이다. 이 주장은 전혀 받아들일 수 없다. 이 말은 우리가 수소폭탄을 실제로 사용해 보기 전에는 수소폭탄에 관해 걱정할 필요가 없다고 주장하는 것이 되기 때문이다.

세번째의 반론은 의문의 여지가 없다. 체계적 평가란 극히 어려운 것이다. 따라서 엄밀성과 실험에 익숙해 있는 자연과학자들은 특히 「생활의 질」이라는 기준에 관한 고도로 정밀한 평가를 내릴 수 있는 이론적 가능성에 회의를 품게 될지도 모른다. 실제로 모든 원숙한 평가절차에 사용되는 행태과학은 그 정밀성에 있어서 자연과학을 따라갈 수가 없다.

그럼에도 불구하고 일부 과학기술이 가져올 잠재적 영향은 긍정적·부정적인 양면에서 너무나 엄청나기 때문에 우리가 평가방법을 대폭 개선하지 않는 한 더 이상 건전한 국가적 기술정책이나 심지어 지방적 기술정책조차 작성할 수 없게 되었다. 기술발전에 반대하는 것은 일종의 지적인 「불가지론」으로서 과학 그 자체의 가장 기본적인 신조를 저버리는 것이다.

더구나 우리는 이제 기술로 인해 유발되는 특정한 재난들의 가능성 — 원자로의 고장, 외계로부터의 생물학적 오염, 살인적인 대형 오염사고 등의 가능성—에 진지한 대비책을 강구해야만 한다. 이러한 가능성은 지금 매우 심각하기 때문에 과학 및 첨단기술과 관련된 기업체들에 대해 대대적이고도 격렬한 반대여론을 불러일으키고 있다.

만일 과학기술계와 업계가 기술혁신에 대해 책임있는 태도를 취하지 않는다면 우리는 지금보다 더 심각한 러다이트(역주 Luddite, 기계화 반대주의자들의 기계설비 파괴운동)식 기술혁신 반대운동에 직면하게 될 것이다. 벨 연구소가 과학적·기술적 노 하우에서 이룩한 그 위대한 공헌들도 상황에 따라서는 벨사의 사회적 명망에 큰 타격을 줄 수도 있다.

벨사는 새 기술의 일차적 창조자로서 여론의 비판에 앞서 이른바 「책임있는 기술」을 옹호하고 나서야 할 도덕적 책임—주주들에게는 경제적 책임—을 지고 있다. 이것은 결국 벨사가 기술평가 운동을 적극 지지해야 한다는 것을 의미한다.

만일 앞으로 수년내에 기술평가 기능을 갖는 각종 공공기관이 생겨나고 그 중 일부 기관들이 어차피 특정한 새 기술에 대해 거부권을 갖게 될 것이 분명하다면 벨사는 이러한 사태발전을 미리부터 예상하고 있는 편이 현명할 것이다. 벨사는 평가절차를 개선하고 새로운 기관을 설치하는 조치에 스스로 참여함으로써 이러한 것들을 설계하는 과정에서 발언권을 얻을 수 있을 것이다.

이 문제가 갖는 중요성은 아무리 강조해도 지나치지 않는다. 필자의 생각으로 이 문제는 앞으로 더욱 정치적 무대에 등장하게 될 것이다. 초음속 여객기의 좌절은 기술개발의 미래를 둘러싸고 일어난 최초의 소규모 전초전에 불과하다. 기술은 앞으로 핵심적인 정치문제의 하나가 될 것이다. 모든 기술을 죄악시하는 러다이트적 발상은 순진하고도 위험스러운 것이다. 그러나 모든 기술적 진전을 발전이라고 보는 생각도 마찬가지이다. 필요한 것은 「책임성있게 개발된 책임있는 기술」을 강력히 옹호하는 것이다. 벨사의 경제적 성공은 물론이고 장래의 명성도 이 문제에 의해 크게 좌우될 것이다. 이러한 이유를 생각할 때 「프레임워크 조직」은 이용 가능한 최선의 도구들을 동원하여 AT&T사 자체에 현존하는 기술의 영향을 감시하고 또 최선을 다해 미래의 대체 통신기술이 미칠 영향에 대응해 나가겠다는 마음가짐을 가져야 할 것이다.

벨사는 현행 절차들의 난점과 한계에 관한 충분한 인식을 가지고 이제부터는 TV전화·유선 통신·레이저 그리고 심지어 전자교환기 등 여러가지 기술혁신이 미칠 물리적·사회적 영향을 체계적으로 연구해 나가야 한다. 벨사는 또한 사용된 평가절차에 대한 자체의 유보 견해까지를 포함하여 이 연구의 결과를 공개할 자세를 갖춰야 할 것이다. 외부에 의해 강제되기까지 기다리지 않고 지금 당장 이러한 일을 시작한다면 벨사의 신망이 크게 높아질 것이다.

규제

앞으로 심한 변화를 겪고 또 중요성이 더욱 커지게 될 또 한 가지 「프레임워크」의 기능은 규제문제와 관련된 것이다. 규제기관들의 이해와 어느 정도의 협력이 없이는 벨사가 초산업주의적 구조로 성공적으로 이행해 가기 쉽지 않을 것이다. 그 대신 규제기관들도 전환기를 맞이하게 될 것이다.

앞으로 당국의 규제에 영향을 미치게 될 3대 변화는 (1) 국가적 통신정책의 개발 (2) 서비스 평가 및 요율 책정을 위한 전혀 새로운 비경제적 기준의 개발 (3) 주 수준 이하의 규제기관 신설 등이다.

이 변화들은 각기 「프레임워크 조직」의 변화를 함축한다.

지금까지 벨사는 기본적으로 명확히 규정된 어떠한 포괄적인 국가적 통신정책이 결여되어 있는 상황에서 운영해 왔다. 서로 연관성이 없는 일련의 대통령 발표문·의회 연설문·법원 판결·FCC와 주규제위원회 명령 등에서 국가정책을 유추할 수밖에 없었다. 최근 AT&T사의 어떤 간부는 저간의 사정을 『아무도 어떤 뚜렷한 청사진을 갖고 있는 것 같지 않다』는 말로 표현했다.[107]

앞으로 몇년내로 국가적 차원에서 폭넓은 정책을 수립하기 위한 합리화 과정이 일어나게 될 것이다. 벨사는 그 영향력과 오랜 역사, 그리고 중심성으로 인해 이 새로운 개념정립 과정에 도움을 줄 수 있는 유리한 입장에 있다. 또한 벨사는 외부 하청이나 특약점 운영 등을 통해 지역사회 생활에 보다 깊이 뿌리박게 됨에 따라 체제적 다양성 — 지방적 특수 이익에 대한 책임—의 대변자 역할을 할 수 있는 강력한 입장에 서게 될 것이다.

벨사는 실제로 자진해서 전국통신정책협의회(National Communications Policy Council) 같은 기구의 설치를 건의할 수 있을 것이다. 이 심의회에는 FCC·통신정책실 등의 대표만이 아니라 우정국·운수성 등과 같은 유관기관의 대표들, 그리고 또 다른 차원에서는 지역사회 단체들과 도시·교외주택지구 및 농촌의 행정당국, 소비자보호단체 등의 대표들까지도 참여시킬 수 있을 것이다.

이같은 기관은 통신정책 문제를 검토함에 있어서 종전보다 광범하고 근본적인 입장에서 통신시설의 도시와 농촌간 균형, 지역산업 개발, 사회적·교육적 문제 등에 대한 관계와 같은 여러가지 문제들을 고려하게 될 것이다. 이러한 통신문제들은 이미 일본·캐나다와 같은 나라들에서는 공개적으로 논의되고 있는데 앞으로 몇년내로 미국에서도 표면화하여 국가정책에 영향을 미치기 시작할 것이다. 또한 교통부문 투자와 통신부문 투자간의 선택을 둘러싼 문제, 우편제도 자동화와 TV전화의 보급·촉진간의 선택을 둘러싼 문제 등이 정치의 표면에 등장하게 될 것이다. 장래의 유선 TV 이용을 둘러싼 문제들도 지금보다 더욱 가열될 것이다. 이러한 국가적 기관의 설립은 정책을 실제로 결정짓지는 못하더라도 이 문제들을 보다 명백히 규정하는 데 도움을 줄 수 있을 것이다. 특히 이 기관은 전국적 통신체제의 효율성 측정을 위한 새로운 기준의 제시를 그 기능으로 삼아야 할 것이다.

어쨌든 이러한 기관의 설치 여부와 상관없이 FCC는 시간이 지남에 따라 정책결정 기관에서 정책집행 기관으로 변모하게 될 것이다.(보다 정확하게 말하면 정책의 공백 때문에 정책을 입안하는 기관으로부터 상부에서 정한 포괄적 지침에 따라 정책을 입안하는 기관으로 변모한다고 할 수 있다.) FCC의 여러가지 장려책과 억제책은 지금보다 한층 폭넓은 관심사항들을 반영하게 될 것이다.

오늘날 허용되는 이윤수준은 적어도 이론상으로는 운영비·조세·감가상각비·공장설비의 추정가액 등을 포함한 경제적 개념인 요율 베이스(rate base)에 의해 결정된다.[108] 현재 규제당국의 공무원들간에는 이 기준에 대한 불만이 고조되고 있다. AT&T사의 어떤 중역은 이렇게 말한다. 『규제당국의 사고방식에 정말로 큰 변화가 일어나고 있는 것 같다. … 오늘날의 규제절차는 구태의연하다. …그러나 「생산」을 기초로 한 규제방향에 변화가 일어나고 있다. 즉 회사가 품질향상을 위해, 새로운 기술장비를 소비자에게 소개하는 민첩성면에서, 회사의 관리기능 혁신 정도와 관련하여, 비용절감을 위해 … 무엇을 「생산」하는가를 기초로 삼는 방향으로 변화가 일어나고 있다. … 이러한 변화는 규제받는 측과 규제당국의 양측에서 일어나고 있다.』[109]

그러나 또 한 가지 변화가 나타나고 있다. 그것은 비경제적 기준의 중요성에 대한 새로운 각성이다. 록펠러 3세(John D. Rockefeller Ⅲ)는 이렇게 주장한 바 있다. 『기업과 일반국민이 기업의 공헌도를 제대로 평가할 수 있으려면 … 사회회계(social accounting)를 개선할 필요가 있다.』[110] 매뉴팩처러즈 하노버 트러스트(Manufacturers Hanover Trust) 은행의 하우지(Gabriel Hauge) 회장도 이 논지를 이어받아 기업은 『회계체제를 확대하여 생산과 성장에 수반되는 모든 사회적·경제적 비용을 포함시켜야 한다』고 주장했다.[111] 이러한 발언들은 다른 업계 지도자들의 무수한 발언들과 함께 대기업의 기능에 관한 기대에 기본적인 변화가 일어나고 있음을 반영하는 것이다. 이러한 기대는 기업의 사회적 책임에 관한 새로운 「지표」들을 설계하려는 여러가지 실제적 노력으로 나타나고 있다. 이러한 노력들은 앞으로 몇년 동안 계속되어 조만간 규제과정에 영향을 미침으로써 각종 규제의 공포과정에서 사회적·생태학적인 여러가지 요인들이 작용할 수 있도록 해줄 것이다.

한 가지 상상할 수 있는 것은 FCC가 특정한 상황하에서는 AT&T사의 높은 「사회적 성과」에 대한 보상으로서 보다 높은 수익률을 허용해 주도록 촉구받게 되리라는 것이다. 규제당국자들이 외부 이해관계자들의 압력을 받아 벨 시스팀의 공해방지 투자, 자선단체 기부금, 소수민족 기업 지원금, 소비자 고발의 처리상황, 여성의 고용 및 승진정책 등에 관한 방대한 자료를 요구하게 될 가능성도 있다. FCC는 소수민족 고용문제를 이미 검토하기 시작했다.

지방 차원에서 규제기관이나 소비자 보호기관이 확산됨과 더불어 주 차원의 규제기관에서도 이와 유사한 변화가 예상되며 이들 모두가 벨사가 순수한 경제적 지표와는 다른 「사회적」 지표에서도 우수한 성과를 올렸음을 보여주는 증거를 요구하게 될 것이다. 「프레임워크 조직」은 지방·주 및 연방 차원에서 전연 새로운 세대의 종업원들을 훈련시켜 그들에게 보다 폭넓은 기술적·사회적 기준과 함께 통신정책의 작성 과정을 이해시켜 줄 책임을 떠맡아야 한다.

이러한 추세들은 필자가 초산업주의 혁명이라고 말하는 보다 규모가 큰 현상의 일부로 이해해야 한다. 이 추세들은 우발적이거나 특수적인 것이 아니라 고속의 변화와 경제성장에 따른 혼란상에 대한 근본적인 반응으로서 나타난 것이다. 산업주의적 구조에서 초산업주의적 구조로 이행해 가는 모든 기업은 이 점을 염두에 두어야 한다. 이것은 벨사의 경우에는 새로운 태도, 그리고 규제기능을 수행하는 당국에게는 새로운 문제의식을 요구한다.

기획

벨사의 산업주의적 형태에서 초산업주의적 형태로의 원활한 이행 여부는 이 회사의 기획담당자들의 능력에 크게 좌우될 것이다. 이 보고서가 제안하는 규모의 변화를 수행하려면 분명히 기획부문에 대한 대규모의 투자가 필요하다. 이러한 변화들은 여러가지 대안과 그 잠재적 결과를 면밀하게 사전 평가한 후에 시도해야 할 것이다. 그러나 설사 벨사가 이 고도의 불확실성 시기에 자신의 임무를 변경시키지 않고 현재의 입장을 고수한다고 하더라도 그 기획사업은 대폭 확장해야만 할 것이다.

기획담당자들은 항상 불리한 여건에서 일해 왔다. 그러나 변화가 가속화하고 새로움 비율이 상승하고 있는 오늘날에는 이 불리한 여건이 더욱 악화하고 있음이 분명하다. 벨사는 「프레임워크 조직」의 기획기관의 핵심을 형성하기에 충분한 극히 유능한 기획팀과 강력한 경영학 부서를 가지고 있다. 벨 시스팀 전체의 기획담당자들은 대부분의 다른 대기업과 정부 기관들에서 일하는 동료들과 적어도 동일한 능력을 가진 사람들로서 온 힘을 다해 미래의 필요와 역량에 관한 자료를 개발하고 있다. 그들은 각 지방의 인구증감 예측, 개인소득 자료, 상업용 및 주거용 건설계획, 고용 및 기업지출, 정부 세출계획, 전화사용의 계절적 변동과 그밖의 여러가지 요인들을 분석하고 있다. 다른 기업의 동료들과 마찬가지로 이들이 겪고 있는 문제점도 역시 그 분석도구를 더 이상 신뢰할 수 없게 되었다는 데 있다.

기획업무를 강화하려면 이 업무를 목표설정기구와 보다 밀접하게 연관시켜 통상적인 테크너크랫적(technocratic) 가정과 방법론을 탈피할 필요가 있다. 「프레임워크」 차원의 기획팀은 「콘스털레이션」 전체의 변화 매개자로서 각 운영회사와 연관 조직들의 기획담당자들을 선발하고 교육시키는 기능을 맡아야 할 것이다. 또한 기획기능 자체도 변혁되어야 한다.

전면적 통합기획 시스팀의 개발

벨 시스팀의 기획팀이 오늘날 제아무리 유능하다고 하더라도 그들은 일관성있는 국가적 통신정책의 부재와 벨 시스팀 주변—소비자·지역사회·일반국민 전체—으로부터의 적절한 피드백의 부재로 인해 야기된 일종의 진공상태에서 일하고 있다. 이 두 가지 갭을 메워야 한다.

국가정책 : 기획업무의 개선은 우선 국가정책 작성 과정의 개선을 지원하는 일로부터 시작되어야 한다. 앞의 「규제」에 관한 항목에서 필자는 전국통신정책협의회를 구성하여 포괄적인 국가정책을 수립함으로써 FCC, AT&T사 등 통신시장 참가자들이 사회적으로 승인받은 기준을 활용할 수 있도록 해주어야 한다고 제안했었다.

이 정책수립기구가 취할 정확한 형태, 적절한 구성원, 이용할 수 있는 유인책과 억제책의 종류, 백악관 및 연방기관들과의 관계 등 이 모든 것은 신중히 검토되어야 한다. 이러한 조직을 성급히 만들려고 서둘다가는 지금보다 사정을 더욱 악화시킬 수도 있다. 그러나 이러한 문제점들을 차치한다 하더라도 통신업무는 현재 미국 자본자원의 너무나 큰 비율을 요구하고 있고 또 이 사회에 심대한 영향을 미치고 있기 때문에 우리는 더 이상 정책을 우연이나 부작위에 의한 정책작성에 내맡길 수 없게 되었다.

이러한 이유 때문에 필자는 앞으로 10년 이내에 통신분야에서 국가정책기구가 출현할 가능성이 매우 높으며 따라서 벨사는 이 과정을 촉진하고 지금부터 이러한 사태에 대비해야 한다고 믿는다. 이러한 협의회는 벨사의 기획팀에게 전국적 통신체제와 관련하여 파악한 전국적인 수요와 목표에 관한 일관성있는 자료를 제공해 줄 수 있을 것이다.

참여적 기획 : 이러한 전국적 기구는 새로운 상향식의 정책기획 기관들에 의해 보완될 필요가 있다. 벨사의 기획이 보다 큰 전국적 통신목표를 고려하여 작성될 필요가 있는 것과 마찬가지로 벨 시스팀과 이를 둘러싸고 있는 「콘스털레이션」 구성단위들의 계획수립에서도 더욱 더 현지의 목표들을 고려해야만 할 것이다.

벨사가 국가 전체의 잘못된 목표설정기구를 시정할 수는 없는 것이고 또 스스로 전반적인 현지 목표설정기관의 조직을 떠맡을 수도 없는 것이 분명하다. 그러나 벨사는 통신이라는 제한된 분야에서는 바로 이같은 책임을 맡을 수 있으며 또 맡아야만 한다.

벨사는 현재 중요한 기회를 손아귀에 쥐고 있다. 즉 벨사는 스스로를 위해, 그리고 국가를 위해 초산업주의적 기획 모델—미래의 통신수요와 기회 및 위험성에 관한 극히 민감한 자료를 제공하기 위한 시스팀—을 만들어 낼 수 있다. 이 과정에서 벨사는 자체의 목표를 위해 대대적인 지역사회의 지원을 얻을 수 있다.

그런데 AT&T사는 현재 ㄱ 주변으로부터 부적절한 정보를 입수하고 있다. 벨 시스팀으로 흘러 들어오는 피드백의 양은 엄청나지만 그것은 현지 및 소문화권의 비경제적 성격의 관심사항을 충분히 반영하고 있지 못하며 예상을 올바로 하고 있지도 못하다. 또한 지방별·부문별 목표들에 제대로 초점을 맞추고 있지도 못하다. 더구나 벨사가 직면하고 있는 날로 거칠어지는 사회적 환경은 변화를 예견하고 이에 대비하는 일을 더욱 더 어렵게 만들 것이다.

벨 시스팀의 효율적인 기획능력을 결정하는 한 가지 핵심적인 요소는 일반국민의 역할이다. 일반국민은 각계각층에서 더욱 더 목표설정 과정에의 참여권을 주장하고 있다. AT&T사

의 미래 형태는 AT&T사와 정부가 단둘이 법정에서, 또는 F
CC와 공익사업 기관들에서 결정할 문제가 아니며 또 그렇게
되지도 않을 것이다. 수요자 그룹과 종교적・인종적・성별・
연령별・정치적 단체, 심지어 해외단체들까지도 통신관련 정
책 등 여러가지 지역사회 목표의 정립과정에서 보다 많은 발
언권을 요구하고 나서게 될 것이다.

만일 벨사가 이러한 사태발전을 전적으로 부정적인 것으로
간주하여 완강한 기업 저항에 가담한다면 심각한 정치적 역류
에 부딪쳐 통상적인 정치적 채널에서 일탈하여 기계설비 파괴
운동과 심지어 사보타지에 직면하게 될 것이다. 예를 들어 벨
사는(다른 대기업들과 마찬가지로) 기획업무를 위한 자료를
수집함에 있어서 정보의 「댓가」를 지불하지 않는 한 소비자와
다른 단체들로부터 더욱 큰 저항에 부딪치리라고 예상할 수
있다.

오늘날 시장전문가와 사회과학자들은 흑인 거주지역을 대상
으로 한 그들의 설문응답을 신뢰할 수 없는 상황에 부딪치는
경우가 많다. 순진치 못한 흑인들은 그들이 내주는 정보가 자
신들에게 불리하게 이용되거나 기껏해야 자신들의 필요와 이
익과는 무관하게 이용되리라는 이유에서 설문조사원들을 「골
탕」 먹일 때가 많다. 이와 비슷한 현상으로 미국 교육평의회
(ACE/American Council on Education)가 학생소요에 관한 대
규모의 조사에 착수했을 때도 학생운동가들은 이 조사결과가
학생들의 이익에 불리하게 이용될 것이라는 이유로 연설・팸
플릿・잡지기사 등을 통해 학생들에게 설문응답을 거부하거나
허위대답을 하라고 촉구하는 전국적인 캠페인을 벌였다.

우리는 이러한 저항이 앞으로 더욱 증대할 것으로 예상해야
한다. 필자의 견해로는 앞으로 기업체들은 더욱 더 정보수집
에 대해 「응분의 보상」을 제공해야 할 것이다. 기업들은 수집
된 자료의 이용방법에 대하여 사전 언질을 주어야 할 것이다.
다시 말해 「권한 분배」의 형태로 댓가를 지불하지 않을 수 없
게 될 것이다. 소비자단체와 인종단체 및 각종 지역사회 단체
들은 지지세력이 확대됨에 따라 「정보 흥정(info-politic)」을 통
해 기업에 대해 압력을 가하게 될 것이다. 지역사회로부터 적
극적인 협력을 얻지 못하고 「정보 사보타지(informational
sabotage)」의 가능성이 실질적인 문제로 대두하게 되면 지역

수준의 기획은 더욱 더 어려움을 겪게 될 것이다.

그러나 국민과 기업은 서로를 필요로 한다. 그리고 현재의 국민참여 압력을 평가하는 데는 전연 다른 또 한 가지 방법이 있다. 이 압력을 단순히 경영특권에 대한 도전으로 간주하기보다는 긍정적인 관점에서 생각해 볼 수 있다. 즉 그 압력은 전국적이면서도 고도로 지방적인 성격 때문에 벨 시스팀에게 여러가지 아주 값진 기회를 제시해 줄 뿐 아니라 전혀 새롭고 보다 효과적인 기획 시스팀을 실현시켜 줄 가능성을 갖고 있다.

따라서 필자는 벨사가 참여요구에 반대할 것이 아니라 오히려 솔선해서 일종의 「참여적 기획(participatory planning)」의 방향으로 나아가 벨 시스팀의 기획자들이 지속적·일상적으로 지역사회 및 소비자단체들로부터 입력자료(input)를 적극 유도해 내야 한다고 믿는다.

그 한 가지 조치로 각 전화구역별로 통신협의회를 조직하여 이에 참여하는 지방행정 공무원, 지역사회단체 지도자, 각종 전화 이용자단체 대표들이 지역 목표의 관점에서 미래의 지역 통신체계를 설계하는 데 도움을 주도록 공개적으로 요청해야 할 것이다.

지리적 기준에 따라, 또는 기능적·소문화적 특성에 따라 조직되는 이러한 네트워크는 반드시 조직체계가 정연하지는 않을 것이고 또 협력해 나가기가 쉬우리라는 보장도 없다. 이같은 네트워크가 존재하게 되면 각 지역의 벨사의 기획업무는 일반의 감시와 공개토론의 대상이 될 것이며 또한 벨사에게 특정한 제약을 가하는 결과를 가져오게 된다.

그러나 필자는 지방의 기획과정에 이같은 대중적 입력자료를 개발하는 데 실패하면 통신체제에 더욱 큰 제약과 위험을 초래하게 될 것이라고 생각한다. 필자는 또 이와 반대로 벨사의 적극적인 장려하에 이러한 단위들이 창설되면 벨사에게 커다란 홍보상의 이익과 정치적인 이익을 가져다 줄 뿐 아니라 장기적인 면에서 보다 중요한 것으로 벨사의 기획팀에게 통신 수요 패턴의 변동을 민감하게 반영하는 일종의 조기경보 시스팀(early warning system)을 제공해 주게 될 것이라고 생각한다. 그것은 또한 수많은 지역사회 지도자들에게 전화서비스의 실질적인 경제적 비용에 관해서는 물론이고 전국적 통신체제의 운영에 따르는 여러가지 문제들에 관해서도 교육시키는 효과를 가져올 수 있을 것이다.

지방차원의 참여적 기획그룹의 창설은 정부의 탈중앙집권화, 서민의 참여, 세입배분, 지방자치 등의 역사적 추세와 합치하는 것이다. 이같은 추세는 앞으로 10년 동안 미국인의 생활에서 한 가지 중요한 요소가 될 것이다. 지역사회 통신기획 그룹의 설립은 벨 시스팀이 그 운영 대상지역인 지역사회 속에 더 한층 공고한 기반을 구축할 수 있는 방법을 제공해 준다.

장기적 관점에서 볼 때 그것은 벨 시스팀에게 경영특권의 침해가 아니라 비할 데 없이 강력한 기획 보조수단을 창출하는 기회를 의미하는 것이다. 또한 지역사회 통신기획 그룹은 전국 통신정책협의회의 자연스러운 대응기구로서 벨 시스팀의 「프레임워크 조직」이 상부와 하부에서 입수하는 정보로 전면적 통합기획 시스팀을 구축하는 데 필요한 구조를 완성시켜 준다.

분명히 참여적 기획 네트워크를 한꺼번에 전국적으로 창설하려고 시도한다거나 제한된 지역별 베이스로 적절한 실험을 거치기 전에 벨 시스팀을 그러한 네트워크에 얽매이게 하는 것은 잘못일 것이다. 다만 「프레임워크 조직」은 이 네트워크를 실현시키는 데 필요한 내구성 실험을 설계하고 실시하는 역할을 담당해야 할 것이다.

(참여적 기획의 개념에 관해 보다 상세한 것은 〈부록〉을 참조할 것.)

사회 문화적 변수의 강조

전면적 통합기획 시스팀의 창설에는 기획업무와 관련된 정보의 종류에 관한 개념의 확대가 수반되어야 한다. 필자가 사용하는 사회 문화적 변수(socio-cultural variable)라는 개념은 정치적 변화, 교육, 인종적·종교적 차이, 이동성, 일시적 특성, 성(性)·가족에 대한 태도와 그밖의 여러가지 과소평가되어 온 요인들을 반영한다. 이러한 요인들이 중요성을 더해 가고 있는 데도 불구하고 정부와 기업의 기획담당자들은 전통적으로 경제적·인구학적인 변수들을 크게 강조해 왔기 때문에 우리는 현재 기획업무에 사회 문화적 변수들을 도입하기 위해 필요한 적절한 자료와 모델을 갖고 있지 못한 형편이다.

소비자운동, 반전(反戰)감정의 보급, 복지수준의 변화, 범죄의 수준과 형태, 지리적·직업별 이동성 등 여러가지 요인들은 지금 통신수요에 그 어느 때보다도 큰 영향을 미치고 있다. 운수분야와 그밖의 분야에서 일어나고 있는 여러가지 사태도 마찬가지이다. 예컨대 어떤 지역사회의 항공기 취항 횟수는 통상적인 인구 및 가계소득 자료보다 더욱 정확한 미래의 전화이용 지표가 된다. 또한 어떤 지역은「정보 창출지역」으로, 다른 지역은「정보 소비지역」으로 분류할 수도 있을 것이며 이러한 패턴은 소비자 수요에 큰 영향을 미칠 수 있을 것이다. 또 이같은 특징들은 교육 수준이나 인종적 차이는 물론이고 심지어 박물관 관람 횟수와 같은 변수와도 밀접한 연관을 나타낼지도 모른다.

사회적 변화와 통신이용간의 연관성은 줄곧 더욱 긴밀해지고 있기 때문에 예컨대 마약 상습의 증가조차도 전화 이용도 상승과 관련시킬 수 있다. 만일 마약 상습으로 인해 범죄가 늘어난다면 그 결과로 외출을 기피하고 전화로 쇼핑을 하고 전화기를 새로이 증설하는(경찰이나 이웃·친척과 연락하기 위해) 사람이 늘어나게 된다. 범죄율이 증가하면 사람들은 외출시 도둑을 막기 위해 수화기를 내려 놓아 집안에 누가 있는 것처럼 꾸미는 경향이 있다. 이렇게 하여 전화기는 일종의 범죄억제장치 구실을 하게 된다.「기획담당자들이 이러한 요인들에 관한 적질한 자료와 함께 이 요인들의 통신에 대한 관계를 설명하는 가상적 모델을 개발하지 못한다면 유용한 계획을 만들기가 날로 더 어려워지게 될 것이다.」

「프레임워크 조직」은 사회 문화적 자료와 모델을「범콘스털레이션」적인 기획업무에 도입하여 경제적·사회적·문화적 변수들을 통합하는 여러가지 지표체계를 설계·실험하도록 촉진하는 데 특별한 역할을 수행할 수 있다.

그러나 기획과정에서의 이같은 입력자료 개발은 단순한 학문적 연구만으로는 안된다. 그것은 벨사의 기획팀이 실제로 지역사회 문제에 뛰어들어야만 가능하다. 서민들 차원의 통신협의회 창설을 통해 참여적 기획을 실현한다는 제안은 그 부

차적 결과로서 앞으로 수년간 통신체제에 가장 큰 영향을 미
치게 될 문화적·사회적 요인들을 다루는 데 있어서 벨사 기
획팀을 매우 세련되게 만들어 줄 것이다.

새로운 기획도구

「콘스털레이션」의 모든 기획담당자들은 지금까지 없었던 새
로운 도구들을 필요로 하게 될 것이다. 미국 사회가 다양화되
면 될수록 하위총량적(sub-aggregate) 예측이 더욱 어려워지게
된다. 날로 다양화하는 벨사의 인력·제품 및 서비스를 추
적·조사하여 더욱 더 단명화하는 통합체(configuration)로 짜
맞추어야 한다. 제품 및 서비스의 통합 가능한 방법의 수가
대폭 증가함에 따라 어느 단일 제품이나 서비스 또는 부품의
경우도 계획이 제대로 들어맞는 확률이 그만큼 줄어들게 된
다.

그 결과 각 전화구역별 경제예측조차도 더욱 더 빗나가게
될 것이다. 새로움 비율의 증가도 기획업무에 난관을 조성한
다. 환경내의 새로움 비율의 증가는 기업 내외의 환경에서 예
측 불가능성과 가변성을 높여주게 된다. 기획담당자들이 처음
겪거나 이상한, 그리고 비정상적이고 비일상적인 사건이 늘어
나게 된다. 이같은 불안정성 —거듭되는 방향 변화— 은 전대
미문의 새로운 여건들을 만들어 내어 계획방법으로서의 외삽
법의 타당성을 떨어뜨리게 된다. 상대적인 안정기에는 선형계
획이 가장 타당성을 갖지만 오늘날과 같은 격동기에는 타당성
을 상실하게 된다. 이것은 보다 나은 비선형계획법을 개발할
필요가 있음을 말해 준다.

벨사의 서비스에 대한 수요의 가속화는 또한 기획분야의 여
러 연구결과들이 미처 발표되기도 전에 뒤떨어진 것이 되고
마는 결과를 가져오게 된다. 그것은 또한 의사결정 과정의 속
도를 빠르게 만듦으로써 기획요원들에게 여러가지 대안들을
보다 신속하고 더욱 빈번하게 평가하도록 압력을 가하게 된
다. 이같은 가속화가 가져오는 가장 중요한 결과는 기획요원
들에게 보다 장기적인 시야를 요구한다는 것이다. 변화의 속
도가 빨라질수록 요구되는 시간범위는 더욱 길어지고 또한 기

획과정은 그만큼 더 어려워지게 되기 때문이다.

또 이같은 시간범위의 확대는 선형계획법의 타당성 감소와 마찬가지로 정밀성이 떨어지고 보다 직관적인 자료와 모델에 의존하도록 강요하며 또한 기획 자료의 균형을 정량적(定量的)인 것에서 정질적(定質的)인 것으로 변동시키는 결과를 가져온다.

대부분의 경영자(그리고 기획담당자)들은 정량화된 데이타에 최대한 의존하고 그밖의 모든 형태의 정보에는 최소한으로 의존하도록 훈련받았기 때문에 이러한 변화에 대해 불안감을 느끼게 된다. 그렇다고 해서 정량적 자료는 나쁘고 정질적 자료만 좋다고 할 수는 없다. 본질적인 가치의 손실없이 자료를 정량화할 수 있다면 그렇게 해야 마땅하다. 그러나 기획담당자들은 더욱 더 정질적인 자료를 무시할 수 없게 되어가고 있으며 또한 모든 필요한 정보를 정량적인 형태로 묶기가 점점 힘들어져 가고 있다.

지금까지 설명한 것을 토대로 이제 기획업무의 개선을 위해 필요한 조치들을 요약해 볼 수 있다. 이러한 조치들에는 다음과 같은 것이 포함되어야 한다. 즉 초기업적(supra-corporate) 수준에서 하위기업적(sub-corporate) 수준에 이르는 전면적 통합기획기구의 창설, 기존의 경제적 데이타 베이스에 사회 문화적 정보 및 모델의 추가, 그리고 총량적 기획에서 하위총량적 기획으로, 선형 예측에서 비선형 예측으로, 정량적 자료에서 정질적 자료로의 이행을 수반하는 새로운 방법의 개발 등이 그것이다.

행태연구

앞에서 설명한 「프레임워크」의 기능들을 일별해 보면 이 기능들 중 여러가지가 지금은 한 가지 중요한 결여 때문에 효과적으로 시행될 수 없음을 알 수 있다. 이 기능들은 지금 우리 사회에 전반적으로 결여되어 있는 사회적 또는 행태적 자료와 모델에 의존하고 있다. 예컨대 우리가 현재 가지고 있는 학습행태 모델은 너무나 소박하다. 기술이 사회에 영향을 미치는 과정에 관한 우리의 이해는 참으로 빈곤하다. 사회적·정치적·경제적 변화를 예상하는 능력도 미약하다. 이러한 취약점은 벨사에만 국한된 것이 아니다. 그것은 모든 회사와 정부기관들에도 해당된다. 그러나 벨 시스팀이 향후 10여년 동안 급속한 변화의 물결을 헤쳐나갈 수 있으려면 우리의 사회행태적 지식이 크게 개선되어야 할 것이다.

산업주의시대에 벨사는 자체의 목표달성에 필요한 기술적 도구들을 남들이 발명해 줄 때까지 기다리지 않았다. 마찬가지로 앞으로 몇년 동안에도 벨사가 자신을 초산업주의적 기업으로 변혁시키는 데 필요로 하는 사회행태적 도구들을 남들이 개발해 주기를 기다리는 것은 분별없는 짓일 것이다.

이제는 그간 벨 시스팀에서 여러 차례 제기되었던 한 가지 제안을 심각하게 고려할 때가 되었다. 즉 현재의 여러가지 여건은 벨 시스팀이 벨 연구소의 대응기관으로서 「벨 행태연구소(BBL/Bell Behavioral Laboratory)」를 긴급히 설치하도록 요구하고 있다.

이 보고서의 한 가지 핵심적인 전제는 벨 시스팀이 산업주의적 형태에서 초산업주의적 형태로 전환하는 문제는 이 회사가 경제적·기술적인 문제뿐 아니라 사회 문화적인 여러가지 혼란상태를 예상하고 대응할 수 있는 능력을 갖추느냐의 여부에 달려 있다고 하는 것이다. 이 목표를 달성하려면 벨사 경영자들은—특히 「프레임워크」 책임자들은—사회연구 기능으로부터 강력한 지원을 받을 필요가 있다.

이 연구기능은 「프레임워크 조직」은 물론이고 벨 시스팀의 운영회사와 여러 단위들, 특히 기획·환경·인력·규제와 같은 분야에 절대적으로 중요한 도움을 줄 수 있을 것이다.

예컨대 적절한 기획업무와 밀접히 관련된 사업활동의 하나로 수요의 사전예측이 있다. 전화서비스의 수요는 여러가지 사항들에 의해 영향을 받는데 그 중 일부는 오늘날의 사회과학이 제대로 이해하지 못하거나 규명하지 못하고 있는 사항들이다. 그러한 요인들 중에는 특수화, 이동성, 의사결정의 속도, 사회적 상호작용의 속도, 세대간 관계, 가족구조와 그 분포, 대중매체의 출력자료(output) 등이 있다. 이러한 요인들은 인구성장, 컴퓨터 통신수요의 증가, 경제활동 수준 등 보다 낯익은 여러가지 변수들과 함께 작용한다.

현재의 사회과학 연구상태로 보아 특수화 지표, 사회적 속도 조정의 척도, 개선된 이동성 통계 등의 개발은 충분히 가능하다 하겠다. 이론적으로는 이러한 척도들을 만들지 못할 뚜렷한 이유가 없는 데도 필자가 알기로는 이러한 것들을 설계하고 있는 사람은 아무도 없다. BBL은 이러한 척도들을 만들어 냄으로써 스스로의 수요예측 분석을 크게 개선할 수 있을 뿐 아니라 산업주의시대에 BTL의 기술혁신이 미친 영향 못지 않게 광범한 사회적 효용성을 갖는 중요한 돌파구를 마련할 수 있을 것이다. 수요계획 정확성의 근소한 향상만으로도 효율적인 투자와 인력배치를 통해 엄청난 절약을 기할 수 있다는 것은 새삼 강조할 필요도 없다. 사회과학 연구분야에 대한 상대적으로 근소한 투자만으로도 큰 경제적 이익을 가져올 수 있다.

또한 기획담당자들은 체계적인 사회적·환경적 지표들의 네트워크를 창설하여 기존의 경제지표들과 통합함으로써 극도로 힘든 그들의 과제수행에 큰 도움을 받을 수 있을 것이다. 그 어떤 지표체계라 하더라도 변화에 대응하거나 변화를 예상한 경영자들의 판단 및 해석의 필요성을 없애 줄 수는 없다. 그러나 이러한 지표가 없다는 것은 AT&T사로 하여금 극히 중요하고 위험성있는 분야를 팬티만 입고 뛰도록 하는 것과 마찬가지이다. 「벨 통신 콘스털레이션」의 용도에 적합한 지표체계를 설계하는 것은 BBL이 맡아야 할 과제이다.

BBL은 미래의 사회적·정치적 변화에 관한 광범위한 모델을 개발하고 이로부터 기획을 요하게 될 일련의 가능한 사태들을 끌어냄으로써 기획담당자들의 작업을 개선해 줄 수 있을 것이다.

인력분야에서도 이러한 기능은 매우 유용한 것이 될 것이다. 인력의 모집과 그 유지는 벨사가 노동력과 그 여러가지 구성집단들의 급변하는 가치관을 이해하느냐의 여부에 따라 좌우될 것이다. 또한 종업원들의 이동률 및 일시적 불온화 정도의 차이 등 여러가지 요인들에 따라, 그리고 「문화훈련」과 「대응교육」을 실시할 능력에 따라 좌우될 것이다. 이 모든 것은 벨사 인력담당 경영자들이 아직은 손쉽게 이용할 처지에 있지 못한 학습과정에 대한 통찰력을 요구한다. 분명한 것은 이 분야에서도 경영자들의 이해가 조금만 개선되더라도, 그리고 그것이 이직률을 약간만 개선해 주는 데 그치더라도 회사

전체로서는 그 몇 배의 이익을 얻을 수 있다는 점이다.

규제문제에서도 BBL은 매우 중요한 역할을 할 수 있을 것이다. 규제당국이 요율 베이스의 개념을 점차 확대하여 경제적 요인뿐 아니라 사회적 요인들도 포함시키게 됨에 따라 지금까지 FCC·주당국 및 법정에서 벨사가 내세웠던 전통적인 논거들은 설득력을 크게 상실하게 될 것이다. 규제당국자들은 당국에 대한 자료 제출시에 새로운 종류의 자료, 새로운 모델과 새로운 어휘를 요구하게 될 것이다. 예컨대 현재 두 가지 사회적(주로 경제적인 것이 아닌) 요인들이 벨사의 영업비용 상승에 기여하고 있다. 인구의 이동성·미시적 이동성의 가속화와 재산관계의 단기성이라는 두 가지 요인이 모두 벨사의 운영비와 자본소요를 증대시키고 있다. 그러나 이러한 현상을 계측하거나 예상할 능력을 갖추지 못한다면 벨사의 대표가 이같은 사회적 추세를 구체적인 비용상승 사실과 결부시킨 설득력있는 소명자료를 마련하기가 어려울 것이다.

또한 BBL은 사회추세들을 세심하게 관찰함으로써 지금은 예고없이 닥쳐오고 있는 위기들을 예측해 줄 수 있을 것이다. 이 연구소는 규제의 기준·분위기 및 규제기관의 구조 등의 변동을 예상할 수 있도록 일련의 미래의 가능성을 제시해 주는 사회적·정치적 모델들을 만들어 낼 수 있을 것이다.

이러한 기능은 비록 「프레임워크 조직」의 중요한 당면문제들에 초점을 맞춘 것이기는 하지만 기본적으로 계약기준에 의하여 벨 시스팀과 「콘스털레이션」의 모든 단위들에게도 서비스를 제공할 수 있을 것이다. 사회학·경제학·심리학·인류학·통신이론 분야의 학자들은 물론이고 수학자·모델설계 전문가·미래주의자들까지를 포함하는 엄선된 학제적(學際的, interdisciplinary) 팀을 구성함으로써 BBL은 벨 연구소와 마찬가지로 특정한 「지속적 테마」를 중점적으로 다루게 될 것이다. 벨 연구소의 경우에는 교환시설·회선망 같은 것이 테마로 되지만 BBL은 소비자 수요·경제성·지표·훈련 등을 테마로 삼게 될 것이다.

각 분야에 걸쳐 BBL은 이론개발, 도구의 개발, 그리고 그 도구의 실험 및 평가라는 세 가지 차원에서 연구하게 될 것이다. 예컨대 훈련의 경우 학습이론에 관한 연구는 벨 시스팀에서 실험적으로 사용할 특정한 교재·강좌·학습보조기구·프로그램 등의 설계에 직접적인 도움을 줄 것이다. 그 다음에 이러한 것들은 테스트와 평가를 받게 될 것이다. 지표분야의 경우 지표이론(정량적 및 정질적 지표이론)에 관한 연구는 감시단위에 의한 적용과 실험그룹에 의한 평가로 구현될 것이다. 이렇게 해서 BBL은 벨 시스팀이 그 사회 문화적 환경을 효과적으로 다루는 데 불가결한 여러가지 실제적인 도구들을 개발할 수 있으리라고 믿는다. 이러한 도구들이 직접적인 경제적 함축을 갖는다는 것, 그리고 그 도구들이 현재 벨 시스팀이 사용하는 여러가지 경제적 척도와 도구들과 적절하게 통합되어야 한다는 것은 두말할 필요도 없다.

그러나 또 한 가지 분명한 것은 이제는 사회 문화적 진공상태 속에서는 더 이상 경제적 문제를 다룰 수 없게 되었다는 점이다. 이러한 기능의 창출은 벨사의 초산업주의적 형태로의 전환을 매우 간편하게 만들어 줄 수 있을 것이다. 실제로 향후 수십년 동안 이같은 혼란이 크게 증폭된다면 BBL이 개발하는 사회적·행태적 도구들은 벨 시스팀의 생존에 결정적인 중요성을 갖게 될 것이다.

요약 : 여기서 제안한 벨 시스팀의 임시적 목표, 즉 현재 내부적으로 수행되고 있는 특정 기능들의 분리와 「콘스털레이션」 및 이와 관련된 회사와 조직들의 설립을 촉구하는 임시적 목표는 이른바 「프레임워크」 기능들의 강화를 요구하고 있다.

이같은 권고사항이 실시된다면 벨 시스팀은 아치형의 상층구조를 이루는 「프레임워크 조직」에 일련의 모듈적 구성부문들이 첨가되는 2단계 구조를 갖게 될 것이다. 이 모듈적 구성부문들은 형태상으로 현재의 운영회사들과 웨스턴 일렉트릭사 및 벨 연구소에 대응하는 것이다. 그러나 이 구성부문들은 각기 자체의 내부구조를 검토하여 비(非)벨 계열회사나 조직들도 똑같이 잘 해낼 수 있는 역할이나 기능을 모색하게 될 것이다. 이들에게 이러한 기능들을 이양해 줌으로써 벨 시스팀 주위에는 일련의 연관업체 또는 조직체들이 고리를 이루게 될 것이다. 결국 이들—벨사와 이를 지원하는 조직들—이 「벨 통신 콘스털레이션」을 형성하게 된다.

벨 시스팀 전반에 걸쳐 높은 표준을 달성하기 위해서는 기술적 지침은 물론 경제적·사회적 성과에 관해서도 이 「프레임워크 조직」이 대폭 강화되어야 한다. 이「프레임워크 조직」은 특히 품질관리·인력개발·환경·규제사항 및 기획업무의 분야에서 벨사의 모듈들과「콘스털레이션」의 여러 조직들에 대해 지원을 제공해 주게 될 것이다. 한 가지 중요한 추가사항은「콘스털레이션」전반에 걸친 특별지원반으로서 BBL을 창설하는 것이 될 것이다.

176 제Ⅵ부 초산업주의적 기업의 형성

임워크 조직」이 대폭 강화되어야 한다. 이「프레임워크 조직」은 특히 품질관리·인력개발·환경·규제사항 및 기획업무의 분야에서 벨사의 모듈들과「콘스털레이션」의 여러 조직들에 대해 지원을 제공해 주게 될 것이다. 한 가지 중요한 추가사항은「콘스털레이션」전반에 걸친 특별지원반으로서 BBL을 창설하는 것이 될 것이다.

12. 에필로그

해설

변화에 관해 이야기하는 것은 변화를 이룩하기보다 항상 쉽게 마련이다. 경영하기보다는 자문하기가 쉽다. 이 보고서를 집필함에 있어서 필자는 이 간단한 진리를 항시 잊지 않으려고 애썼다. 아무리 상세하고 복잡하게 쓰더라도 조직 현실에 관한 우리의 설명은 항상 너무나 간단하다. 또 아무리 분명한 전략을 제안하더라도 이것을 결코 씌어진 대로 시행할 수는 없다. 전략은 실시간(實時間, real time)으로 설계되고 전달되고 실시되지 않는 한 그것을 읽는 순간에 벌써 필연적으로 시대에 뒤떨어진 것이 되고 만다. 더구나 설사 최선의 전략이라 하더라도 그 결과까지를 제대로 고려하는 경우는 별로 없다. 따라서 실제로 의사결정자들은 계속 그 결과를 조절해 나가야 하며 그러다 보면 사전에 정해진 노선에서 일탈하게 된다.

그러나 이 모든 결함에도 불구하고 전략을 갖지 못한 기업은 폭풍 속을 아래 위로 누비며 날아가다가 바람에 휩쓸려 소나기 구름 속에 길을 잃고 마는 비행기와 마찬가지이다. 이런 비행기는 벼락이나 강풍을 만나 피괴되거나 아니면 연료가 떨어지게 되고야 말 것이다. 장기적 미래에 관한 다소간의 명시적인 가정과 이를 취급할 전략적 지침이 없다면, 그리고 스스로의 미래 형태에 관해 어떤 비전을 갖고 있지 못하면 겉보기에 아주 안전한 것처럼 보이는 대조직들조차도 혁명적인 기술적·경제적 격동기에는 파국에 직면하게 될 것이다.

이상과 같은 것들이 필자가 벨 시스팀을 위해 이 보고서를 작성할 때 고려한 사항들의 일부이다. 만일 이 보고서 안에 다른 회사들에게도 교훈이 될 만한 내용이 있다면 그것은 보다 탄력적·반응적이고 보다 융통성있는 기업조직 형태, 즉 「적응기업」을 발명해야 한다는 우리 모두의 공통적 필요에서 연유한다.

보고서

오늘날 벨 시스팀이 안고 있는 문제들은 이 사회가 산업주의를 탈피하는 역사적 이행과정을 개시하는 데서 연유하는 전체적인 사회문제들과 밀접하게 관련되어 있다. 벨 시스팀으로서는 이것은 하나의 엄청난 도전, 즉 산업주의시대의 고전적 조직에서 초산업주의시대의 성공적 조직의 본보기로 전환해가야 한다는 엄청난 도전을 의미한다.

모든 기업, 특히 벨 시스팀처럼 크고 중심적인 중요한 위치에 있는 기업은 오늘날 미국 사회를 변화시키고 있는 기본적인 사회적 요인들을 이해해야만 초산업사회의 대두에 적응해 나갈 수 있을 것이다.

지난 10년 동안 AT&T사에 관계한 여러 전통적 기업들은 하나씩 하나씩 제거당하거나 독립해서 내보내지거나 아니면 경쟁체제로 전환되었다. 이러한 조치를 뒷받침한 결정들은 자발적인 것이었건 아니면 회사측에 강요된 것이었건간에 대체로 벨사를 미국의 주도적인 초산업주의적 기업으로 변혁시킨다는 보다 큰 목표를 고려함이 없이 단편적으로 실시되어 왔다.

여기서 제안하고자 하는 것은 전연 새로운 것은 아니고—벨사는 줄곧 변화하고 있다—단지 이 과정을 의식적이고도 일관성있는 장기적 목표들을 염두에 두고 계속 추진해야 한다는 점이다.

물론 여기서 제안하는 정책이 「옳다」는 것을 「증명」할 방법은 없다. 내보일 수 있는 것은 초산업주의에 관한 기본 모델이 옳은 것이라면 구식의 산업주의적 기업은 더욱 더 시대에 뒤떨어진 것으로 되리라는 점이다.

만일 벨 시스팀이 미국의 산업화 초기에 마치 중세의 길드처럼 기능하려고 시도했더라면 오늘날과 같은 벨 시스팀은 이룩되지 못했을 것이다. 마찬가지로 만일 벨사가 현재의 산업주의적 형태를 그대로 간직한 채 초산업주의시대로 이행해 가려고 시도한다면 벨사가 미래에 어떻게 될지는 상상하기조차 어렵다.

  그러므로 필자는 여기서 초산업주의시대의 벨 시스팀의 모습을 대충이나마 그려보려고 시도했다. 필자는 이 변혁에 따르는 여러가지 난관에 관해 그 어떤 환상도 가지고 있지 않다. 한 기업체의 변화에 관해 글을 쓴다는 것은 그 변화를 실현시키기보다 훨씬 쉬운 일이다. 현장에서 그 실시방안을 발견해 내야 하는 사람보다는 일반론을 견지하면서 국외자로 남아 있기가 훨씬 쉬운 법이다.

  또한 필자는 과거에도 여러가지 난관이 있었다는 점을 잘 알고 있다. 베일 세대의 사람들도 엄청난 핸디캡을 안고 있었지만 그래도 결국에는 종전에 존재하지 않았던 그 무엇을 창조하는 데 성공했다. 오늘날 벨 시스팀 경영자들이 직면하고 있는 도전도 바로 이같은 것이다. 미국의 기본적 통신시스팀은 바로 이들의 상상력과 정열, 그리고 변화에 맞서는 용기에 달려 있다.

대중참여의 전략대안

부록 : 대중참여의 전략대안

참여론

미국의 일부 노동조합들은 최근 임금 등 몇 가지 분야에서 양보한 댓가로 종전에는 경영자의 단독 특권으로 간주되었던 의사결정 과정에 제한적인 참여를 허용하는 협약을 얻어내고 있다. 또한 현장차원에서는 수많은 대기업들이 종업원 참여제도—비록 투자나 신제품과 같은 중요문제에 관한 결정을 맡기는 경우는 좀처럼 없지만—를 시험하고 있다.

미국의 여러 다국적기업들도 유럽에서 근로자 참여 압력의 증대에 직면하고 있다. 특히 스웨덴은 조세수입의 지원하에 노조가 관장하는 투자기금을 설립했으며 유럽 경제공동체(EEC/European Economic Community)는 종전에 경영자측의 전관사항으로 간주되었던 공장폐쇄·기업합병 등에 관한 정보를 노조측에 공개할 것을 의무화하는 새로운 규정안을 검토하고 있다.

미국의 여러 회사들도 탈규제의 영향이 누적됨에 따라 앞으로 더욱 더 이러한 압력을 느끼게 될 것이다. 그러나 이 압력은 노조측에서만 오는 것은 아니다. 필자는 이러한 압력이 소비자들을 포함한 그밖의 다른 여러 고객들에게서도 제기될 것이라 생각한다.

필자는 기업 의사결정에의 참여 확대에 관한 전체 문제는 종전보다 더욱 상상력을 가지고 다룰 필요가 있다고 믿는다. 또한 기업의 특정한 의사결정 과정에 대한 대중의 참여는 효율성과 형평성이라는 양측면에서 정당성이 있다고 믿는다. 그러므로 필자는 이러한 압력을 부정적으로 보지 않고 오히려 대중참여를 기획과정과 연결시키는 새로운 프로그램을 제안한다.

일부 사람들은 분명히 이 제안을 유토피아적이고 비현실적인 것이라고 생각할 것이다. 그러나 한 가지 기억해야 할 중요한 사실이 있다. 즉 AT&T사는 민간기업이면서도 또한 민간기업과는 전연 다른 데가 있다는 점이다. 이 회사는 실제로 과거나 지금이나 일종의 공적인 기관으로서 이 회사의 투자·제품 및 그밖의 여타 문제에 관한 여러가지 결정은 미국에 커다란 영향을 미치고 있다.

기업정책 결정에의 대중참여 압력이나 기업의 사회적 책임성을 보장할 기구를 신설하라는 압력은 앞으로 몇년 동안 더욱 더 증대할 것으로 보인다. 설사 네이더가 은퇴하고 현재의 미국내 반(反)기업 무드가 하룻밤 사이에 사라져 버린다고 하더라도 이러한 압력은 앞으로도 계속 가중될 것이다.

AT&T사처럼 눈에 띄게 드러나는 기업들은 특별한 공격대상이 될 것이다. 예컨대 1972년이나 1976년의 대통령 입후보자들이 AT&T사의 난관에 편승하여 이 문제를 선거 이슈로 삼을 가능성도 생각해 볼 수 있다.

그렇다고 해서 이러한 압력들이 AT&T사의 「서비스」상의 문제점에만 직접 관련된 것도 아닐 것이다. 설사 모든 전화들이 완벽한 기능을 발휘하더라도 AT&T사는 여전히 오염·빈민가 고용·군납 계약 등으로 야기되는 여러가지 문제들 때문에 엄중한 비판의 대상이 될 것이다.

AT&T사는 이러한 비난을 묵살해 버릴 수도 있다.

AT&T사는 홍보활동을 통해 이러한 비난을 전술적으로 처리할 수도 있다.

AT&T사는 그 결과의 사전평가를 할 겨를도 없이 스스로 급진적 변화를 공약할 수도 있다.

AT&T사는 사전에 실험적인 수준에서 그 변화를 평가해야 한다는 전제하에 실질적인 변화를 공약할 수 있다.

이 보고서는 기업책임성과 대중참여를 요구하는 압력들이 주로 반체제 인사들에 의한 반기업적 「말썽」의 결과로서 나타난 것이 아니라 이 사회의 심층적 변화에서 기인하는 것이라는 입장을 취하고 있다. 이 때문에 필자는 이 문제를 묵살하거나 호도하려는 어떠한 기도도 실패할 뿐 아니라 나아가서는 역효과를 불러일으켜 AT&T사를 불필요한 곤경과 위험에 빠뜨리게 될 것이라고 생각한다.

참여요구를 경영특권에 대한 위협이라는 관점에서만 보는 것은 큰 잘못이다.

실제로 참여압력을 적절한 형태로 잘 조직하면 그것은 위협이 아니라 기업의 생존을 위협하는 장기적 문제들에 대한 해결책이 될 수 있다.

이렇게 볼 때 현재의 상황은 AT&T사에게 기업계에서 전국적인 리더십을 주장하고 기업의 성실성과 선량한 시민정신을 과시하고 나아가서는 가장 중요한 것으로「자체적인 기획업무와 함께 가속적 변화에 대응할 능력을 대폭 개선」하는 절호의 기회를 제공해 주고 있다.

조기경보 시스팀

이번 기회의 핵심은 가속적 변화가 앞으로 모든 기업, 특히 AT&T사가 그 대응방법을 배워야 할 가장 중요한 단일의 환경적 요소임을 인식하는 데 있다. 오늘날 기업이 당면하고 있는 여러가지 난관들은 변화를 예견하고 대부분의 중요한 사회환경 변동에 선행하는 경보신호를 감지하는 능력이 제한된 데서 비롯된 것들이다. 다른 대부분의 회사들과 마찬가지로 AT&T사 역시 변화의 가속화로 인해 필요해진「조기경보」기구를 결여하고 있다.

필자는「대중참여」야말로 기업의 조기경보 시스팀에서 극히 중요한 부분을 차지한다고 믿는다. 또한 이 점을 인식하지 못하는 한 AT&T사 등 주요 회사들은 앞으로 몇년 동안에 더욱 더 큰 충격과 동요를 겪게 되리라고 생각한다.

격변하는 사회에서는 경영자가 가장 필요로 하는 것은 회사가 기능해야 할 환경에 관한 훨씬 더 민감한 정보, 특히 예상적 정보이다. 이 정보는 경제적인 것에 머물러서는 안된다. 기업은 여러가지 사회적 긴장, 잠재적 위기, 인구변동, 가족구조의 변화, 정치적 격변에 관해 알고 있어야 할 뿐 아니라 적응력있는 결정을 내릴 수 있을 정도로 조기에 이러한 것들을 알 수 있어야 한다.

이같은 시의적절한 정보는 결국 이러한 변화에 실제로 참여하고 있는 구성원인 일반국민들에게서 나올 수밖에 없다. 결국 AT&T사를 산업주의에 바탕을 둔 기업에서 다가오는 초산업주의 사회에 적응할 수 있는 기업으로 전환시키는 데 있어서는 전화 수요자의 특수한 서비스 수요뿐 아니라 각종 지역사회 집단·기관 및 조직들의 희망과 가치관, 그리고 계획들까지도 살펴보아야 한다. 이것은 그들 집단·기관·조직들로부터의 협력에 의해서만 가능하다.

지금 가능한 일은 AT&T사에 새로운 형태의 대중참여에 부분적으로 바탕을 둔 조기경보 시스팀 구축작업에 착수하는 것이다.

더구나 필자는 이 일은 급진적인 정책이나 프로그램들을 맹목적으로 추진하지 않으면서도 해낼 수 있다고 생각한다.

그럼 이제부터 여러가지 대중참여 전략의 대안들을 검토한 후 AT&T사가 업계에서 새 분야를 개척할 수 있는 방안들을 제시해 보고자 한다.

전략 1 : GM 모델

이사회에 「기업의 사회적 책임」 문제를 다룰 특별위원회를 설치.

이 전략은 이미 심각해져 있는 기업과 국민간의 신뢰성 갭을 더욱 증대시킨다. 특별위원회 구성원들이 아무리 지성적이고 품위있고 사회의식이 강한 사람들이라 하더라도 외부 사람들은 그것을 정형수술에 불과하다고 볼 것이 틀림없다. 네이더가 시작한 「기업책임 프로젝트(Project on Corporate Responsibility)」에서 일하는 무어(Philip Moore)는 GM사의 이러한 전략을 비난하면서 『기업들이 자신의 결정이 미치는 대중적 영향을 알아보기 위해 기업측 사람들에게만 의존한다면 그것은 「겉치레」의 속임수일 뿐』이라고 말한다. 이같은 반응은 당연하고 이해할 만하며 불가피하다.

그밖의 약점들 : 이사회 안에 사회적 책임문제를 다룰 특별위원회를 갑자기 설치한다면 그것은 은연중에 전에는 아무도

이 문제를 취급하지 않았다는 것, 그리고 지금까지는 이 문제를 위원회에서 다룰 만큼 중요한 문제로 간주하지 않았다는 것을 드러내는 결과를 가져온다.

이 전략은 대중참여라는 개념을 배격하는 것이며 따라서 비판여론을 단순히 악화시킬 뿐 아니라 나아가서는 일정한 형태의 참여제도를 적극 활용할 수 있는 기회까지도 잃게 하는 결과를 가져온다.

또한 AT&T사가 GM 모델을 채택한다면 업계의 지도자가 아니라 추종자로 비쳐지게 될 것이다.

권고 : 이상과 같은 이유로 필자는 「전략 1」을 배격할 것을 촉구한다.

전략 2 : 공익이사 모델

현재의 이사회를 확대하여 「공익이사(public member)」들을 추가.

이 전략은 회사 이사회의 참가범위를 확대하라는 「기업책임 프로젝트」의 요구를 충족시키는 것이다. GM사는 동질적인 이사회—전원이 남성이고 전원이 백인—를 두고 있다는 비난을 받았는데 이것은 필자의 생각에도 일리가 있는 비판이다. 다른 대부분의 이사회도 연령·소득·사고방식면에서 동질적이다.

필자는 이사회 구성이 다양한 계층을 반영할 때 경영에 보다 유익할 뿐 아니라 주주와 일반국민에게도 더 잘 봉사할 수 있다고 생각한다. 다만 필자는 기업책임과 참여와 같은 문제들이 단순히 의례적으로 「공익이사」들을 추가함으로써 해결될 수 있다고는 생각하지 않는다.

이같은 해결책은 다음의 두 가지 중 한 가지의 결과로 이어질 때가 많다. 즉 「공익이사」들은 현 이사회가 선출하는 결과 이사회의 전반적 색채를 이어 받기 때문에 새로운 입력자료의 원천으로서 사실상 무용지물이 되고 말거나 또는 회사나 국민의 어느 측과도 이해관계가 일치하지 않는 특수집단의 기계적 대변인으로 되고 만다.

이 전략도 신뢰성 갭 문제를 안게 되며 「참여」를 AT&T사

의 긍정적 자원으로 전환시키는 일에서는 아무 일도 할 수 없
다.

　권고 :「전략 2」는 취약점이 있기 때문에 소기의 성과를 거
둘 가능성이 없다.

전략 3 : 자문위원회 모델

　AT&T사 정책의 사회적 영향에 관해 이사회에 공개보고할
권한을 갖는 독립적 자문위원회의 구성.

　독립 자문위원회에 조사결과를 발표할 권한을 부여하는 것
은 기업의 성실성을 과시해 주기는 하겠지만 이 전략도 역시
여러가지 단점을 안고 있다.

　전형적으로 이러한 위원회는 고위 공직자나 저명인사로 구
성되며 자료를 수집·분석하여 보고서를 작성할 권한을 갖게
되지만 이 보고서는 공개될 수도 공개되지 않을 수도 있다.

　그러나 이러한 위원회에 참여한 사람들은 위원회 보고서가
대체로 묵살된다는 것을 누구보다도 잘 알고 있다. 설사 이러
한 위원회들이 충분한 자금 뒷받침을 받고 유능한 직원을 배
치받는 경우라 할지라도, 심지어 조사결과가 널리 공개되는
경우라 하더라도 위원회의 권고가 실행에 옮겨지는 경우는 거
의 없다.

　이같은 약점들이 너무나 잘 알려져 있기 때문에 이러한 자
문위원회를 신설하는 행위 자체가 회사 또는 정부기관이 서로
책임을 전가하고 있다는 증서로 간주될 때가 많다. 신뢰성 문
제는 여전히 큰 문제로 남는다.

　권고 : 이러한 이유에서 「전략 3」은 부적절하다고 생각한
다.

　다만 필자는 「AT&T사는 자체의 필요에 맞추어 이 자문위
원회 모델을 채택하여 전혀 새로운 종류의 자문위원회 — 신뢰
성 문제를 크게 줄여줄 수 있을 정도로 근본적으로 다른 위원
회, 회사를 위해 읽혀지지도 않을 말만 번지레한 보고서를 만
들어 내는 이상의 일을 할 수 있는 위원회 — 를 설치하는 방
법이 있다」고 생각한다.

　그 방법은 「전략 4 」에서 설명한다.

전략 4 : 조기경보 모델

공개보고서를 발표할 권한과 대중참여제도 실험에 자금지원을 할 권한을 갖는 독립적「공익자문협의회(Council of Public Advisor)」의 창설.

이 전략은 두 가지 전제에 기초하고 있다.

첫째, 전형적인 자문위원회의 여러가지 결점들은 그 위원회가 본질적으로 사업기구가 아닌 비활성기구라는 데서 연유한다. 또한 그 위원회가 조사결과를 실행해야 할 각종 단계의 유관조직과 지속적인 접촉을 갖지 못한다는 사실에서도 연유한다. 이러한 점들이 그대로 남아 있는 한 자문위원회는 비효율적인 것이 되도록 사실상 운명지어져 있다고 할 수 있다.

둘째, 우리는「대중참여」에 관해 아는 것이 별로 없으므로 이에 관해 좀더 알 필요가 있다. 일반국민을 기업체나 지역사회의 의사결정에 참여시키는 방법에는 여러가지가 있다. 그러나 그 중 어느 것이 최선의 방법인지는 아직 아무도 모르고 있다.

그러므로「전략 4」는 이 두 가지 문제점들을 해결하려는 것이다. 이 전략도 자문위원회의 구성으로부터 시작하지만 보통은 자문위원회에 부여하지 않는 한 가지 기능—특정한 사업 프로젝트들에 자금을 대주는 기능—을 부여한다는 점이 다르다. 말하자면 이 프로젝트들은 대중참여제도의 제한적 실험이라고 할 수 있다.

그러므로「공익자문협의회」의 기능은 다음과 같은 전통적 기능과 혁신적 기능들을 묶은 것이 될 것이다.

● 공해·자연보존·공공안전 및 대중의 반응도 등을 포괄하는 AT&T사의 사회적 성과에 관해 정기적 보고서와 건의사항의 공표.

● 공개회의와 세미나, 그리고 때로는 참가자들이 국가적 통신시스팀의 운영상의 문제점들을 배우도록 하기 위한 게임과 모의실험 등을 조직함으로써 통신정책의 공개적 논의를 위한

비(非)정부적인 토론장 제공.

 • 새로 등장하는 사회문제들에 관한 회사정책의 제안—특히 이에 국한될 필요는 없지만 통신산업에 영향을 미치는 사회문제들—예컨대 프라이버시 문제.

 • AT&T사의 수준에서가 아니라 될수록 일반서민에 접근한 수준에서—관련회사들 내부에서—실시될 다양한 대중참여 방식 실험을 위한 설계·자금지원 및 사무지원의 제공.

 • 이러한 각종 실험들을 평가하고 또한 미국의 통신체제에 이로운 여러가지 대중참여 형태를 달성할 방법에 관해 AT&T사에 자문을 제공.

 어떠한 실험들을 제안할 것인가?
 전술한 바와 마찬가지로 일반국민을 기업활동에 참여시키는 데는 여러가지 방법이 있으며 또한 그 중 어떤 참여방식들은 기업경영을 맡은 사람들에게 중요한 정보를 제공해 줄 수 있다.
 면밀히 계획하여 실험해 볼 가치가 있는 현지 실험들의 몇가지 예를 들어보면 다음과 같다.

 1. **통신협의회**—미국 연방정부는 최근에 와서야 통신분야의 정책문제에 관해 대통령에게 직접 보고할 부서의 필요성을 인정하게 되었다. 그러므로 주요 도시지역에 현재 이와 같은 부서가 없다는 것은 놀라운 일이 아니다. 실제로 기업의 기획업무에서 겪게 되는 하나의 난관은 회사의 기획팀과 시당국 및 지방행정 공무원들간에 적절한 업무연락이 결여되어 있는 데서 연유한다. 예를 들어 대부분의 도시들에서는 벨 시스팀의 영업담당 경영자들과 현지 시장들 또는 대표들, 시 기획당국, 소비자 대표들이 정기적이고도 비적대적인 방식으로 한자리에 모일 수 있는 기관이나 모임이 결여되어 있다.
 AT&T사는 온갖 크기의 도시와 심지어 주택지구, 예컨대 와츠(Wats)나 베드퍼드 스타이버선트(Bedford-Stuyvesant) 등을 상대로 이러한 「통신협의회」들을 실험적으로 구성해 보도록 권장해야 할 것이다.

통신패턴의 급속한 이행을 겪고 있는 지역사회의 「통신협의회」들은 시설 및 보수공사의 촉진, 공중전화기 파괴의 감소, 직원 모집, 훈련 등의 문제들을 다룰 수 있을 것이다. 도시지역의 「통신협의회」들은 유선 TV 정책, 공장부지의 선정, 주요 설치·정비공사의 일정표, 인구이동, 그리고 현지 기업동향이 통신수요에 미칠 영향 등 여러가지 도시적 문제들을 검토할 수 있을 것이다.

실제로 이러한 협의회들을 어떻게 조직할 것인가, 누구를 참여시킬 것인가, 그 관할지역은 어느 정도 크기로 할 것인가 하는 등의 여러가지 문제들은 실제 경험이 없는 상황에서 독단적으로 결정할 문제가 아니다. 「공익자문협의회」는 현지 실험을 계획함에 있어서 이러한 문제들을 고려해야 할 것이며 현지의 벨 시스팀 경영자들이 이러한 실험을 실시하도록 도와줄 태세를 갖추고 있어야 할 것이다.

2. **미래 이용자 위원회**—기술발전은 각기 특성을 가진 통신이용자층들을 만들어 냄으로써 통신시장의 다양화를 이룩했다. 사회 분화가 촉진되고 기술발전이 확산됨에 따라 AT&T사는 전문화된 이용자 집단의 형성이 더욱 늘어날 것이라고 예상해야 한다.

이러한 집단들은 단순한 대항세력이 아니라 오히려 다가오는 기술 및 경영상의 변화를 알려주는 중요한 정보원천으로 간주할 필요가 있다. 따라서 AT&T사는 이러한 집단들이 형성되기를 수동적으로 기다릴 것이 아니라—보통은 AT&T사에 대한 집단적 항의의 결과로 형성되는 것이지만—오히려 아직은 소규모이고 초창기에 있지만 미래에는 주요 이용자로 발전하게 될 분야에서 이용자 집단의 형성을 장려하는 것이 현명할 것이다. 해양산업과 미생물학 분야가 그 예이다.

AT&T사는 이러한 집단들의 형성에서 역할을 담당함으로써 이들의 발전과정을 형성할 수 있다. 또한 여기서 더 많은 예상적 정보를 얻을 수 있게 될 것이다.

「공익자문협의회」는 실험적으로 이러한 집단들을 형성하고 또한 이들을 값진 기획정보를 얻기 위한 체계적 원천으로 조직화할 수 있을 것이다.

3. **공익상담 프로그램**—지역 전화회사는 주거지역별로 또

는 시 단위로 운영되는 지속적인 프로그램하에 무작위로 추출
된 가입자들을 사무실로 초대하여 몇 시간 동안 유급「전화
상담원」으로 일하도록 할 수 있을 것이다. 피상담자들은 시스
템에 관한 불평불만을 토로할 뿐 아니라 나아가서는 시설혁신
비용의 부담 용의 여부, 새로운 요금청구 절차와 요금계산 방
법의 수락 여부 등에 관해 의견을 제시하도록 권유받게 될 것
이다. 그들은 또한 여러가지 지역사회 문제들, 지역사회내의
각종 변화의 가능성, 그리고 직장·주거·교육 등에 관한 자
신들의 장래 계획 등에 관해 의견을 피력하도록 요청받게 될
것이다. 거주지역별로 실시되는 이러한 여론조사는 이용자들
에게 자신들의 의견이 존중되고 있다는 느낌을 갖게 해준다.
또한 공장 및 교환국의 신설, 마키팅 및 광고 프로그램, 장래
의 규제문제, 비관적인 도시문제 등에 관계하는 기획담당자들
에게 중요한 정보를 제공해 줄 수 있을 것이다.

　4. **매월 청구서 조사**— 위의 방법을 변형하여 고객의 만족
도를 조사하고 기술혁신에 대한 자세를 알아보고 불만사항을
수집하기 위해 매월 보내는 요금 청구서를 설문지로 활용하는
방법을 생각할 수 있다. 「전화상담 프로그램」과 이「매월 청
구서 조사」를 통해 수집한 자료는 기획담당자들에게 뿐 아니
라 규제당국과의 교섭을 담당하는 사람들에게도 유용한 자료
가 될 수 있을 것이다.

　5. **외부 제안 프로그램**— 전화 이용자들 중 다수는 자신들
이 전화서비스의 개선이나 새로운 서비스의 추가에 관해 좋은
아이디어를 가지고 있다고 생각한다. 그 중에서 취할 만한 아
이디어가 얼마나 있을지는 차치히고라도 일단 의견제시를 권
장하고 프로그램 참여에 대해 보상을 지급하는 방안을 강구해
볼 수 있을 것이다.

　6. **지역사회 피드백 프로그램**— 위의 「외부 제안 프로그램」
의 한 가지 중요한 변형으로서 전화서비스가 아닌 지역사회
서비스의 개선을 위한 일반인의 제안을 권장하는 프로그램을
생각해 볼 수 있다. 현지 전화국은 지역사회 서비스에 관한
일반의 아이디어를 접수하여 이를 관계기관에 전달해 주겠다
고 나설 수 있을 것이다. 이러한 프로그램은 현재 여러 라디
오 방송국과 신문사들이 청취자나 독자들과의 유대강화를 위
해 운영하고 있는 성공적인 자발적 활동 프로그램들에서 선례

를 찾아볼 수 있다.

7. 민원조사 프로그램 ─ AT&T사는 정부기관의 민원조사관 (ombudsman)의 개념을 준(準)공공부문에 확대하여 특정한 전화국 구역에 민원조사실을 설치하도록 건의할 수 있을 것이다. 이 민원조사실의 신뢰도를 높이기 위해 그 운영비용은 지방 또는 주정부와 현지 운영회사들이 공동으로 부담하도록 할 수 있을 것이다.

8. 주민투표 프로그램 ─ 공장입지 등의 문제를 둘러싸고 지역사회에서 분쟁이 발생하는 경우 운영회사는 물론이고 각 전화국들까지도 일정한 공개토론 기간이 지난 후 몇 가지 선택적 계획안을 주민투표에 회부하도록 할 수 있을 것이다. (현재 환경문제에 관해 컴퓨터를 이용한 지속적인 지역사회 주민투표를 실시하는 실험이 진행되고 있다. 여기서는 우선 투표자들에게 문제에 관한 몇 가지 배경설명과 함께 해결책들을 제시하고 난 후 비공식적인 투표를 하도록 요청하고 있다.)

위의 각 프로그램들은 전화 이용자들이 회사측에 의견을 제시할 수 있는 얼마간의 기회를 제공해 줄 뿐 아니라 또한 적절하게 작성하고 분석하고 제시하면 경영자들이 변화를 예측하고 보다 건실한 정책 결정을 내리도록 도움을 줄 수 있는 자료를 제공해 주기도 한다. 더구나 이렇게 해서 얻어지는 자료들은 바로 오늘날 대부분의 기획업무에서 전반적으로 결여되어 있는 사회적·정치적 가치관 분야의 자료들이다.

전체적인 대중참여 운동을 단순히 위협으로만 보지 말고 잠재적인 값진 기회로 간주할 필요가 있다는 것은 바로 이러한 이유에서이다.

위에 제시한 각 프로그램들은 비용··이익·위험성·신뢰성 등에서 크게 다른 점들을 가지고 있다. 바로 이러한 이유 때문에 이 프로그램들은 기업 전체에 걸쳐 전면적으로 실시되어서는 안되고 제한된 실험을 통해 검토와 시험을 거쳐야만 한다. 운영회사나 사업부서들의 비용부담을 면제해 주기 위해 「공익자문협의회」는 이러한 실험들을 설계하고 자금을 뒷받침하며 그 운영기술을 지원해 주는 책임을 맡아야 할 것이다.

「공익자문협의회」는 처음부터 스스로가 대중참여에 관한 모든 해답은 가지고 있지 못하며 다만 그 해답의 일부를 발견하는 데 진지한 관심을 가지고 있을 뿐이라고 밝힘으로써 번지르한 수식어를 남발하는 경우보다 업계와 보다 큰 지역사회 모두에서 훨씬 더 큰 신뢰도를 누릴 수 있게 될 것이다. 또한 이 협의회는 어느 정도 실제 상황과 비슷한 실험을 운영할 태세를 갖추는 경우 그 몇 가지 결함에도 불구하고 전통적으로 문제를 「연구」하겠다고만 공언하는 전통적인 자문위원회에 비해 보다 큰 존경을 받을 수 있게 될 것이다.

동시에 「협의회」는 여러 현지 집단들은 물론 벨 시스팀의 각급 인사들과 접촉을 가짐으로써 지지세력도 확보하고 현실감각도 얻을 수 있게 될 것이다.

기업책임과 대중참여 문제의 중요성이 앞으로 줄지 않고 오히려 더욱 커질 것이라는 가정이 옳다면 「전략 4」는 AT&T사로 하여금 이 문제에 관해 무언가 진지하고 실질적이고 창의적인 일을 할 수 있도록 해줄 것이다.

「공익자문협의회」나 그밖의 유사한 기구가 없기 때문에 오늘날 AT&T사가 직면하고 있는 문제들은 「비민주적」 방식으로 결정되고 있다. 이 점을 이용하여 과격파 또는 그밖의 대표성없는 집단들이 전화시스팀에 대해 게릴라전을 펼 수 있게 되었다. 민주적으로 구성되고 정직하게 독립성을 유지하는 「협의회」가 존재하더라도 AT&T사를 비난으로부터 막아주지는 못할 것이며 또 그렇게 해서도 안된다. 그러나 이 「협의회」는 토론의 기본 규칙을 마련하고 또한 이 토론과정을 보다 건설적이고 책임있는 과정으로 만들 수 있다. 그것은 지금은 존재하지 않는 민주적 토론 절차를 제공해 줄 수 있다.

요약하면 「전략 4 : 조기경보 모넬」은 AT&T사에 대해 다음과 같은 기회를 제공해 줄 것이다.

• AT&T사의 장래에 더욱 더 큰 정책적 영향을 미치게 될 지역사회와 여타 집단 등과의 접촉을 통해 기업의 기획업무를 강화할 수 있는 기회.

• 가격결정과 투자 및 자본건설에 관한 의사를 결정하거나 실시하는 데 도움이 될 새로운 종류의 경영 데이타 베이스를 구축할 기회.

● 조직·비조직 가입자들로부터 적대적 반응을 불러일으킬 회사정책을 사전에 밝혀낼 수 있는 기회.

● 고객의 불만을 예상하여 해결하지 못함으로써 실추된 명성을 부분적으로 회복시켜 종업원의 사기를 진작할 수 있는 기회.

● 전국적으로 리더십을 발휘할 수 있는 기회.

권고 : 이상과 같은 이유로 필자는 어떠한 결정을 내리기 전에 「전략 4」를 진지하게 검토할 것을 촉구한다.

독립성에 관한 주석

「공익자문협의회」의 독립성이 중요한 것은 비단 그것이 신뢰성 유지에 필수적이라는 이유에서만이 아니고 기획 및 조기경보 목적을 위한 유용한 정보를 획득하는 과정에서 협력을 증진시켜 줄 것이기 때문이기도 하다.

「협의회」의 독립성을 증진시키는 데는 여러가지 방법이 있다. 여기서 그 방법을 모두 평가할 수는 없지만 그 중 몇 가지만 열거하면 다음과 같다.

1. **재정 지원** : 「협의회」는 AT&T사에만 전적으로 의존하지 않는 확실한 자금지원을 받아야 한다. 이를 위한 방법에 기부금이 포함된다. 「협의회」는 또한 일정한 조건하에서 다른 자금원으로부터 지원을 받을 권리도 부여받을 수 있을 것이다.

2. **위원 구성** : 「협의회」는 다양한 고객층을 반영해야 한다. 「협의회」는 그 구성과 절차면에서 될수록 민주적이어야 하며 국가적 자원인 전화시스팀이 대표성없는 집단들의 정치적 농간에 말려들도록 해서는 안된다.

「협의회」 위원선출 문제는 이 잠정적 보고서에서 다루기에는 너무 복잡하다. 다만 여기서는 이 선출방법이 「협의회」의 독립성·효율성·신뢰성을 확립하는 데 절대적으로 중요한 문제라는 점만을 지적해 둔다. 어떤 결정을 내리기 전에 광범위한 선택적 방법들을 체계적으로 검토해야 한다.

그러나 궁극적으로 채택되는 방법이 어떤 것이건간에 필자는 「공익자문협의회」 위원을 AT&T사나 그 자회사의 이사진과 종업원 중에서 선출해서는 안된다는 점을 강력히 촉구하는 바이다. 「협의회」의 위원이나 그 직원들은 「협의회」를 떠난 후에도 벨 시스팀이나 이 협의회에 자금을 지원하는 어떤 조직으로부터도 계약을 수주하거나 그러한 곳에 취업하지 않겠다고 서약해야 한다.

3. 공표 : 「협의회」는 그 조사결과와 건의사항을 공표할 권리를 가져야 한다.

「협의회」 사업 — 실제적인 실험을 수반하는 사업 — 의 대부분은 AT&T사나 그 자회사들의 동의와 협력이 없이는 실시될 수 없다. 이러한 의미에서 「협의회」는 회사로부터의 지속적 지원이 없으면 제대로 기능을 발휘할 수 없다. 그러나 「협의회」의 권위와 공표권은 이 기구에 어느 정도의 독자적인 영향력을 보장해 준다.

여기에서 「협의회」의 신뢰성과 효율성에 필수적 요소인 일종의 견제와 균형(check and balance) 체제가 형성된다. 이 협의회는 단순히 학식과 경륜이 풍부한 사람들로 구성된 위원회(blue-ribbon panel)가 아니라 어느 의미에서는 그 위원과 직원들이 벨 시스팀의 각급 인사들과 지속적인 접촉을 갖는 일종의 활동적 사업체이기 때문에 벨 시스팀의 운영에 수반되는 일상적인 문제점들을 잘 이해하고 또한 「조기경보」의 필요성에 공감할 수 있는 위치에 있다.

바람직한 것은 이 「협의회」가 단순히 AT&T사의 「감시자」나 비판자로 자처하는 데 그치지 말고 나아가서는 미래의 문제들을 밝혀내고 지역사회의 각종 제도 및 기관들과의 친밀한 관계를 설계하고 미국의 통신시스팀이 급속한 변화에 대응하도록 도와주는 동맹자라는 인식을 갖는 것이다.

주

1. Hendrik W. Bode, 「Technological Innovation and Technical Integration in the Bell System (Draft)」, September 8, 1969, pp. 68–69.

2. 필자와의 인터뷰.

3. *Bell System Manual* (New York: American Telephone and Telegraph Co., 1970, p. 504).

4. David Ash, 「The Detroit Revolution」, *Esquire*, July 1966.

5. 필자와의 인터뷰.

6. Bode, p. 69.

7. *Bell System Manual*, p. 202.

8. *Ibid*, p. 702.

9. *Ibid*, p. 103.

10. *Ibid*, p. 902.

11. 필자와의 인터뷰.

12. *Events in Telephone History* (New York: American Telephone and Telegraph Co., October 1968, pp. xviii-xix).

13. *Ibid*

14. American Telephone and Telegraph, *Viewpoints on Communications Policy* (New York: American Telephone and Telegraph Co., August 1968, Part XII [Attachment 12], p. 3).

15. 필자와의 인터뷰.

16. 필자와의 인터뷰.

17. *Task Force Report*, Part V, p. 18.

18. *Ibid*, Part VI, pp. 11–12.

19. McKinsey and Co., *A Study of Western Electric's Performance* (New York: American Telephone and Telegraph Co., 1969, p. 228).

20. Bode, p. 89.

21. *Ibid*

22. *Ibid*, pp. 84, 88.

23. 필자와의 인터뷰.

24. 필자와의 인터뷰와 Joseph G. Goulden, *Monopoly* (New York : Pocket Books, 1970, p. 5).

25. 필자와의 인터뷰.

26. 필자와의 인터뷰.

27. 필자와의 인터뷰.

28. *Bell System Manual*, p. 1304.

29. *Ibid.*

30. *Wall Street Journal*, June 1, 1970.

31. 필자와의 인터뷰.

32. *New York Times*, February 22, 1970.

33. *Ibid.*

34. 필자와의 인터뷰.

35. Kurt Borchardt, *Structure and Performance of the U. S. Communications Industry* (Boston : Harvard University Graduate School of Business Administration, 1970, pp. 49, 51).

36. *Datamation*, January 15, 1971, p. 75.

37. John McDonald, 「Getting Our Communication Satellite Off the Ground」, *Fortune*, July 1972.

38. *Wall Street Journal*, October 2, 1970.

39. Charles J. Lynch, 「The Battle for Data Communications」, *Innovations*, #11, 1970.

40. Alfred E. Kahn, *The Economics of Regulation*, vol. II (New York : John Wiley & Sons, 1971, p. 136).

41. *New York Times*, January 22, 1971.

42. *Datamation*, February, 1970, p. 241.

43. 필자와의 인터뷰.

44. *Wall Street Journal*, October 19, 1970.

45. Irving Kahn, 「*CATV...Leading Edge of the Broadband Revolution*」, *Communications News*, December 1970.

46. *Ibid.*

47. *New York Times*, August 5, 1971.

48. *New Society*, May 7, 1970.

49. *New York Times*, February 14, 1970.

50. *Time*, March 3, 1971.

51. *Ibid.* November 30, 1971.

52. *Ibid.*

53. Myron Brenton, 「21,741 Choices for a Career」, *New York Times Magazine*, October 25, 1970.

54. U. S. Department of Commerce, Bureau of the Census, *Statistical Abstract of the United States*: 1971 (Washington : Government Printing Office, 1972, p. 320).

55. *Ibid*, p. 5.

56. *New York Times*, March 10, 1971.

57. *Task Force Report*, Part V, p. 6.

58. *Ibid*

59. *Ibid*, Part V, p. 19.

60. *Ibid*, Part VI, p. 48.

61. *Ibid*, Part V, p. 20.

62. *Ibid*, Part VI, p. 25.

63. H. I. Romnes, 「Remarks to Annual Meeting of Shareholders」, Atlanta, April 16, 1968.

64. 「Why You Hear a Busy Signal at AT&T」, *Business Week*, December 27, 1969.

65. 필자와의 인터뷰.

66. *Bell System Manual*, pp. 712, 716–17.

67. McKinsey, p. 210.

68. Shirley Katzander, 「New York Tel's Information Gap」, *New York*, August 25, 1969.

69. *Wall Street Journal*, December 14, 1970.

70. American Telephone and Telegraph Co., Department of Environmental Affairs, 「A Method of Labor Market Estimation」, *Annual Report* (New York : American Telephone and Telegraph Co., 1970, p. 1).

71. W. W. Straley, remarks before the American College Public Relations Association, Denver, July 7, 1970, in *ibid*, p. 6.

72. 「The 500 Largest U. S. Industrial Corporations」, *Fortune*, May 1972.

73. *New York Times*, March 21, 1971, October 18, 1971.

74. *Events in Telephone History*, p. 52.

75. *Ibid*, p. 61.

76. *New York Times*, August 16, 1969.

77. Alfred Kahn, vol. II, p. 29.

78. *Wall Street Journal*, December 11, 1970.

79. *Ibid*, June 29, 1971.

80. *Datamation*, October 1, 1971.

81. *New York Times*, March 21, 1971, sec. 2.

82. *Wall Street Journal*, January 4, 1971.

83. Ron Rosenbaum, 「Secrets of the Little Blue Box」, *Esquire* October 1971.

84. Joseph Goulden and Marshall Singer, 「Dial—A—Bomb : AT&T and the ABM」, *Ramparts*, November 1969.

85. Abbie Hoffman, *Steal This Book* (New York : Grove Press, 1971, pp. 75ff).

86. *New York Times*, July 7, 1970.

87. *Wall Street Journal*, September 23, 1971.

88. *Business Week*, December 27, 1969.

89. *New York Times*, July 29, 1969.

90. 필자와의 인터뷰.

91. 필자와의 인터뷰.

92. Donella H. Meadows, Dennis L. Meadows, Jorgen Randers, William W. Behrens III, *The Limits to Growth* (New York : Universe Books, 1972).

93. 「Economic Growth : New Doubts About an Old Idea」, *Time*, March 2, 1970.

94. 위의 글, pp. 33—35를 참조.

95. 필자와의 인터뷰.

96. 「A Large Question About Large Corporations」, *Fortune*, May 1972.

97. McKinsey, p. 63.

98. *Ibid.* p. 64.

99. *Ibid.*

100. *United States of America v. Western Electric Company Inc., and American Telephone and Telegraph Co.*, Final Judgment Civil Action No. 17-49, U.S. District Court, District of N.J., January 24, 1956.

101. 필자와의 인터뷰.

102. 필자와의 인터뷰.

103. Henry M. Boettinger, 「A Suggestion Toward Controlled Evolution of the Bell System」, April 7, 1970.

104. 필자와의 인터뷰.

105. Paul J. Garfield and Wallace Lovejoy, *Public Utility Economics* (Englewood Cliffs, N. J. : Prentice—Hall, 1964, pp. 447—48).

106. 「Work When You Want To : An Idea Whose Time Has Come」, *Europa Magazine*, April 1972.

107. 필자와의 인터뷰.

108. Garfield and Lovejoy, p. 56.

109. 필자와의 인터뷰.

110. 「Industry Rates Itself」, *Business and Society Review*, Spring 1972.

111. *Ibid.*

참고문헌

[1] American Telephone and Telegraph, *Annual Reports*. (New York : American Telephone and Telegraph Co., 1940 to date.)

[2] American Telephone and Telegraph Co., *Viewpoints on Communications Policy*. (New York : American Telephone and Telegraph, 1968.)

[3] 「Are Firms Getting Too Big to Be Efficient?」, *International Management*, May 1971.

[4] 「AT&T's Age of Anxiety」, *Fortune*, May 1970.

[5] Baier, Kurt, and Rescher, Nicholas (eds.), *Values and the Future*. (New York: The Free Press, 1969.)

[6] Baker, William O., 「The Use of Computers in Communications Systems」, ISA *Transactions*, vol. 6, 1965.

[7] Baran, Paul, 「The Future Computer Utility」, *The Public Interest*, Summer 1967.

[8] Baran, Paul, *Notes on Seminar on Future Broad−Band Communications*. (Middletown, Conn.: Institute for the Future, February 1970.)

[9] Bauer, Raymond (ed.), *Social Indicators*. (Cambridge: The M.I.T. Press, 1966.)

[10] Beer, Stafford, *Decision and Control*. (New York: John Wiley & Sons, 1966.)

[11] *The Bell System and the City*, November 1968.

[12] *Bell System Manual*. (New York: American Telephone and Telegraph Co., 1970.)

[13] Bennis, Warren G., *Changing Organizations*. (New York: McGraw-Hill, 1966.)

[14] Birnbaum, Norman, *The Crisis of Industrial Society*. (New York: Oxford University Press, 1969.)

[15] Blau, Peter M., *Bureaucracy in Modern Society*. (New York: Random House, 1956.)

[16] Blau, Peter M., and Scott, Richard W., *Formal Organizations*. (San Francisco: Chandler Publishing Co., 1962.)

[17] Bode, H. W., 「Technological Innovation and Technical Integration in the Bell System」, Draft Report, September 8, 1969.

[18] Boettinger, Henry M., *Moving Mountains*. (New York: The Macmillan Co., 1969.)

[19] Boettinger, H. M., *Some Aspects of Management and Technology*. (New York: American Telephone and Telegraph Co., 1970.)

[20] Borchardt, Kurt, *Structure and Performance of the U. S. Communications Industry*. (Boston: Harvard University Graduate School of Business Administration, 1970.)

[21] Boulding, Kenneth, *The Meaning of the Twentieth Century*. (New York: Harper & Row, 1964.)

[22] Boulding, Kenneth, *The Organizational Revolution*. (New York: Harper and Bros., 1953.)

[23] Brooks, Harvey, *Can Science Be Planned?* (Cambridge: Harvard University Program on Technology and Society [Reprint #3], n.d.)

[24] Brzezinski, Zbigniew, *Between Two Ages: America's Role in the Technetronic Era*. (New York: The Viking Press, 1970.)

[25] Burck, Gilbert, 「Is AT&T Playing It Too Safe?」, *Fortune*, September 1960.

[26] Calder, Nigel (ed.), *The World in* 1984, 2 vols. (Baltimore: Penguin Books, Inc., 1965.)

[27] Cary, William L., *Politics and the Regulatory Agencies*. (New York: McGraw-Hill Book Co., 1967.)

[28] Chase, Stuart, *The Most Probable World*. (New York: Pelican Books, 1969.)

[29] Clark, John Maurice, *Studies in the Economics of Overhead Costs*. (Chicago: The University of Chicago Press, 1923.)

[30] Cordtz, Dan, 「The Coming Shake-Up in Telecommunications」, *Fortune*, April 1970.

[31] Crowley, Thomas H., Harris, Gerard G., Miller, Stewart E., Pierce, John R., Runyon, John P., *Modern Communications*. (New York: Columbia University Press, 1962.)

[32] Dale, Ernest, *The Great Organizers*. (New York: McGraw-Hill Book Co., 1960.)

[33] DeButts, John D., 「The Management of Complexity」, speech before the Industrial College of the Armed Forces, Washington, D. C., August 24, 1971.

[34] Dunstan, Mary Jane, and Garlin, Patricia W., *Worlds in the Making*. (Englewood Cliffs, N. J.: Prentice-Hall, 1970.)

[35] *Events in Telephone History*. (New York: American Telephone and Telegraph Co., 1969.)

[36] Ewald, William R., Jr. (ed.), *Environment for Man: The Next Fifty Years*. (Bloomington: Indiana University Press, 1967.)

[37] Fisk, James B., 「Bell Telephone Laboratories」, Reprinted from Sir John Cockcroft (ed.), *The Organization of Research Establishments*. (London: Cambridge University Press, 1965.)

[38] Ford, Robert N., 「The Art of Reshaping Jobs」, *Bell Telephone Magazine, September-October* 1968.

[39] Garfield, Paul J., and Lovejoy, Wallace F., *Public Utility Economics*. (Englewood Cliffs, N. J.: Prentice-Hall, Inc., 1964.)

[40] General Electric, *Developing Trends and Changing Institutions: Our Future Business Environment*. (New York: General Electric [ERM-85], April 1968.)

[41] Glover, John D., and Vancil, Richard F., *Management of Transformation*. (New York: IBM, 1968.)

[42] Goldhamer, Herbert, *The Social Effects of Communication Technology*. (New York: Russell Sage Foundation, 1970.)

[43] Gordon, T. S., and Shef, Arthur, *National Programs and the Progress of Technological Societies*. (Washington: The American Astronomical Society, March 4–5, 1968.)

[44] Goulden, Joseph G., *Monopoly*. (New York: Pocket Books, 1970.)

[45] Gross, Bertram (ed.), *A Great Society?* (New York: Basic Books, Inc., 1966.)

[46] Gross, Bertram, *The Managing of Organizations*, 2 vols. (Glencoe: The Free Press, 1962.)

[47] 「Growth in Demand for Communications Services」, American Telephone and Telegraph, Analytical Support Center Memorandum #105, October 20, 1967.

[48] Hart, R. I., 「Needs Research」, *Futures*, September 1969.

[49] Harvard University Program on Technology and Society, *Technology and the Individual*. (Cambridge: Harvard University Program on Technology and Society, 1970.)

[50] Havelock, Ronald G., *Planning for Innovation Through Dissemination and Utilisation of Knowledge*. (Ann Arbor: Center for Research and Utilization of Scientific Knowledge, Institute for Social Research, University of Michigan, 1971.)

[51] Hayashi, Yujiro (ed.), *Perspectives on Postindustrial Society*. (Tokyo: University of Tokyo Press, 1970.)

[52] Helmer, Olaf, *Social Technology*. (New York: Basic Books, 1966.)

[53] International Telecommunications Union, *From Semaphore to Satellite*. (Geneva: International Telecommunications Union, 1965.)

[54] Jantsch, E., *Perspectives of Planning*. (*Paris: OECD*, 1969.)

[55] Jantsch, E., *Technological Forecasting in Perspective*. (Paris: OECD, 1966.)

[56] Johnson, Arno H., Jones, Gilbert E., and Lucas, Daniel B., *The American Market of the Future*. (New York: New York University Press, 1966.)

[57] Johnson, Leland J., 「The Future of Cable Television : Some Problems of Federal Regulation」 (Santa Monica : The Rand Corporation [Memorandum RM–6199–FF], January 1970.)

[58] Kahn, Alfred J., *The Economics of Regulation*, 2 vols. (New York : John Wiley & Sons, Inc., 1971.)

[59] Kahn, Alfred J., *Studies in Social Policy and Planning*. (New York : Russell Sage Foundation, 1969.)

[60] Kahn, Alfred J., *Theory and Practice of Social Planning*. (New York : Russell Sage Foundation, 1969.)

[61] Kahn, Herman, and Weiner, Anthony, *The Year 2000*. (New York : The Macmillan Co., 1967.)

[62] Katz, Milton, *The Function of Tort Liability in Technology Assessment*. (Cambridge : Harvard University, Program on Technology and Society [Reprint #9], n. d.)

[63] Katzander, Shirley, 「New York Tel's Information Gap」, *New York*, August 25, 1969.

[64] Lilly, Robert, 「The Social Problems of the Day」 (New York : American Telephone and Telegraph Co., September 1970.)

[65] Lynch, Charles J., 「The Battle for Data Communications」, *Innovations*, no. 11, 1970.

[66] Maddox, Brenda, *Beyond Babel : New Directions in Communications*. (London : Andre Deutsch, 1972.)

[67] Marris, Robin, *The Economic Theory of 'Managerial' Capitalism*. (London : Macmillan, 1964.)

[68] Martin, James, *Telecommunications and the Computer*. (Englewood Cliffs, N.J. : Prentice–Hall, Inc., 1969.)

[69] Mason, Otis T., *The Origins of Invention*. (Cambridge : The M.I.T. Press, 1966.)

[70] Mathieson, Stuart L., and Walker, Phillip, *Computers and Telecommunications : Issues in Public Policy*. (Englewood Cliffs, N.J. : Prentice-Hall, 1970.)

[71] Mayo, Louis H., *Comments on Senate Resolution 78*. (Washington : Program of Policy Studies in Science and Technology. George Washington University, March 4, 1969.)

[72] Mayo, Louis H., *The Technology Assessment Function*. (Washington : Program of Policy Studies in Science and Technology, George Washington University, July 1968.)

[73] Mayo, Louis H., and Lakshmikanth, Rao, Penna, *The Technology Assessment*

Function: *Illustrative Cases of the Assessment of Technological Applications*. (Washington: Program of Policy Studies in Science and Technology, George Washington University, July 1968.)

[74] McGee, John S., *In Defense of Industrial Concentration*. (New York: Praeger Publishers, 1971.)

[75] McKinsey and Co., *A Study of Western Electric's Performance*. (New York: American Telephone and Telegraph Co., 1969.)

[76] McMains, Harvey J., 「The Socio—Economic Aspects of the Bell System Network」, speech before the Economics of Regulated Public Utilities Symposium, Chicago, June 22–27, 1969.

[77] McMains, Harvey J., *Wideband Communications: A Long-Range Study*. (New York: American Telephone and Telegraph Co., December 1965.)

[78] McWhirter, William A., 「What Hath God Rung?」 *Life*, December 12, 1969.

[79] Meadows, Donella H., Meadows, Dennis L., Randers, Jorgen, Behrens, William W. III, *The Limits to Growth*. (New York: Universe Books, 1972.)

[80] Meier, R. L., 「Tokyo: Creating Japan's Information Industry」, unpublished paper, October 1969.

[81] Mesthene, Emmanuel G., 「How Technology Will Shape the Future」, Science, July 12, 1968.

[82] Moonman, Eric (ed.), *Science and Technology in Europe*. (Baltimore: Penguin Books, Inc., 1968.)

[83] National Academy of Sciences, *Technology: Processes of Assessment and Choice*. (Washington: Government Printing Office, July 1969.)

[84] National Commission on Technology, Automation and Economic Progress, *Technology and the American Economy*. (Washington: Government Printing Office, February 1966.)

[85] National Goals Research Staff, *Toward Balanced Growth: Quantity with Quality*. (Washington, D.C.: Government Printing Office, 1970.)

[86] National Industrial Conference Board, *The Challenge of Technology*. (New York: National Industrial Conference Board, November 30, 1966.)

[87] New Republic, The (eds), *America Tomorrow: Creating the Great Society*. (New York: Signet, 1965.)

[88] 「100 Years of Progress: The Bell System Telephone Set」, *The Western Electric Engineer*, vol. 13, January 1969.

[89] 「100 Years of Progress: Bell System Switching Equipment」, *The Western Elec-*

tric Engineer*, vol. 13, April 1969.

[90] Ozbekhan, Hasan, *Technology and Man's Future*. (Santa Monica: System Development Corporation, May 27, 1966.)

[91] Ozbekhan, Hasan, *The Triumph of Technology*: 「*Can*」 *Implies* 「*Ought*」 (Santa Monica: System Development Corporation, June 6, 1967.)

[92] Palisi, Bartolomeo, 「Some Suggestions About the Transitory-Permanence Dimension of Organizations」, *The British Journal of Sociology*, June 1970.

[93] Polak, Fred L., *The Image of the Future*, 2 vols. (New York: Oceana Publications, 1961.)

[94] Polak, Fred L., *Prognostics*. (New York: Elsevier Publishing Co., 1971.)

[95] President's Commission on National Goals, *Goals for Americans*. (New York: The American Assembly, 1960.)

[96] *Questions and Answers on Current Issues*. (New York: American Telephone and Telegraph Co., Information Department, November 1968.)

[97] Reinhold, Budd, 「The Dallas Traffic Work Itself Trial」, speech before the Bell System Vice President—Personnel Conference, March 1970.

[98] Report on Training Experience: Bell System—Plant Department. (New York: American Telephone and Telegraph Co., Operations Department and Safety Training and Organization Section, 1970.)

[99] 「The Revolution in the Phone Business」, *Business Week*, November 6, 1971.

[100] Robinson, E. A. G., *The Structure of Competitive Industry*. (Chicago: University of Chicago Press, 1957.)

[101] Romnes, H. I., 「Communications in a Changing World」, speech before General Assembly Meeting, Telephone Pioneers of America, September 18, 1968.

[102] Romnes, H. I., 「Remarks Before the New York Society of Security Analysts」 (New York: American Telephone and Telegraph Co., February 13, 1968.)

[103] Romnes, H. I., 「The Role of Business in Community Development」, H. Chase Stone Lecture, The Colorado College, November 21, 1968.

[104] Shanks, Michael, *The Innovators*. (New York: Penguin Books, Inc., 1967.)

[105] Sheldon, Eleanor B., and Moore, Wilbert E., *Indicators of Social Change*. (New York: Russell Sage Foundation, 1968.)

[106] Sloan Commission on Cable Communications, *On the Cable: The Television of Abundance*. (New York: McGraw—Hill Book Co., 1971.)

[107] Stanford Research Institute, *The World of 1975*. (San Francisco: Stanford Research Institute, 1964.)

[108] Stigler, George J., *The Organization of Industry*. (*Illinois*: *Richard D. Irwin, Inc.*, 1968.)

[109] *Technology and Values*. (Cambridge: Harvard University Program on Technology and Society[Research Review ♯3], Spring 1969.)

[110] *Telephone's $3 Billion Landmark in Corporate Financing*. (New York: The Bond Buyer, 1970.)

[111] Toffler, Alvin, *Future Shock*. (New York: Random House, 1970.)

[112] Toffler, Alvin(ed.), The Futurists. (New York: Random House, 1972.)

[113] 「Toward the Year 2000: Work in Progress」, *Daedalus*, Summer 1967.

[114] U. S. Department of Health, Education and Welfare, *Toward a Social Report*. (Washington: Government Printing Office, 1969.)

[115] Urban, G. R., *Can We Survive Our Future?* (London: The Bodley Head, 1972.)

[116] Western Electric, *Annual Reports*. (New York: American Telephone and Telegraph Co., 1940 to date.)

[117] 「Why Nothing Seems to Work Any More」, *Time*, March 23, 1970.

[118] Wittenbert, F. R., 「Bigness vs. Profitability」, *Harvard Business Review*, January 1970.

[119] Wollan, Michael, *Controlling the Potential Hazards of Government-Sponsored Technology*. (Washington: Program of Policy Studies in Science and Technology, George Washington University[Reprint ♯2], November 1968.)

[120] Zwicky, Fritz, *Discovery, Invention, Research*. (New York: The Macmillan Co., 1969.)

색 인

〈ㄱ〉

<h1 align="center">〈ㅅ〉</h1>

〈ㅎ〉

■ 감역자 약력
• 서울대 상대 경제학과 졸업
• 부흥부 산업개발위·경제심의회 간사
• 조선일보·동아일보 기자
• 경향신문 경제부 차장·부장, 논설위원, 편집국장,
  논설주간, 이사주필
• 조세제도·지방재정·지방자치제·동력자원정책·
  공업발전 심의위원
• 재무부 정책자문위·경제구조조정자문회의·과기처
  2000년장기계획위 위원
• 서울 언론재단 이사
• 한국경제신문 대표이사 사장, 한국신문협회 부회장
• 언론연구원·IPI 한국위·아세아신문재단 한국위
  감사, 전경련 자문위원, 외자도입 심의위원
• 저서 「韓國經濟成長論」「經濟를 보는 눈」「비즈니
  스 엘리트를 위한 375」「東亞細亞의 挑戰」 등 다수

□ 앨빈 토플러선집 ④
적응기업

1989년 11월 25일   1 판 1 쇄
1992년 7 월 10일   1 판 6 쇄

著　者　　앨빈 토플러
監譯者　　李　揆　行
發行人　　扈　英　珍
發行處　　韓國經濟新聞社
서울시　中區　中林洞　441
전 화 안 내 : (360)　4114
직통 : (313) 8293·(312) 0063
1967년 5월 15일　登錄　第2 — 315號

정가　3,000원